EXAM PRESS ®
販売士検定試験学習書

JN079895

販売士
教科書

リテールマーケティング

販売士

3級

一発合格

テキスト&問題集

第4版

海光 歩［著］

SE
SHOEISHA

本書内容に関するお問い合わせについて

このたびは翔泳社の書籍をお買い上げいただき、誠にありがとうございます。弊社では、読者の皆様からのお問い合わせに適切に対応させていただくため、以下のガイドラインへのご協力をお願い致しております。下記項目をお読みいただき、手順に従ってお問い合わせください。

●ご質問される前に

弊社Webサイトの「正誤表」をご参照ください。これまでに判明した正誤や追加情報を掲載しています。

正誤表　https://www.shoeisha.co.jp/book/errata/

●ご質問方法

弊社Webサイトの「刊行物Q&A」をご利用ください。

刊行物Q&A　https://www.shoeisha.co.jp/book/qa/

インターネットをご利用でない場合は、FAXまたは郵便にて、下記"翔泳社 愛読者サービスセンター"までお問い合わせください。
電話でのご質問は、お受けしておりません。

●回答について

回答は、ご質問いただいた手段によってご返事申し上げます。ご質問の内容によっては、回答に数日ないしはそれ以上の期間を要する場合があります。

●ご質問に際してのご注意

本書の対象を越えるもの、記述個所を特定されないもの、また読者固有の環境に起因するご質問等にはお答えできませんので、予めご了承ください。

●郵便物送付先およびFAX番号

送付先住所　〒160-0006　東京都新宿区舟町5
FAX番号　　03-5362-3818
宛先　　　　（株）翔泳社 愛読者サービスセンター

●免責事項
※著者および出版社は、本書の使用による販売士検定試験の合格を保証するものではありません。
※本書の記載内容は、2019年12月現在の法令等に基づいています。
※本書の出版にあたっては正確な記述に努めましたが、著者や出版社のいずれも、本書の内容に対してなんらかの保証をするものではありません。
※本書に記載されたURL等は予告なく変更される場合があります。
※本書に記載されている会社名、製品名はそれぞれ各社の商標および登録商標です。
※本書では ™、®、© は割愛させていただいております。

はじめに

　小売業、卸売業など流通業界は、日常的に必要な衣食住に関わる商品を販売しているため、私たちにとって大変身近な存在です。一方、最近では、インターネットによるネットショッピングの普及、訪日外国人（インバウンド）の増加にともなう新たな顧客が出現するなど、これまでの経験値だけでは対応しきれない、大きな変化が流通業界には起きています。そのため、最新の経営知識を身につけ、問題解決を実践できる人材が一層必要とされてきています。

　このような中で一層注目されるようになったのが「販売士」資格です。流通業では唯一の公的資格であり、会計知識も含めて体系的に販売活動に必要な内容を問うこの試験内容を学ぶことにより、「今日的な販売活動上の課題を解決できる人材」を増やすことが期待されています。

　販売士の資格取得を推奨する企業も多く、販売士協会のサイトでは、販売士の資格取得を推奨している企業や、資格取得に対して報奨金を出しているような企業、昇進昇格の要件としている企業などを企業名をあげて紹介しています。

　https://www.hanbaishi.com/case

　このように社会的なニーズも高い販売士資格。ぜひ本書を手に取って資格取得にチャレンジしてください。

　本書はより早く確実に販売士資格に合格することを目的として過去問題を徹底的に分析し、出題傾向に沿って出やすいところを中心にまとめてあります。

　各セクションには頻出度の目安がA〜Cランクで示されていますので参考にしてください。また覚えるべき内容で重要なものは赤字にしてありますので反復学習して覚えるようにしましょう。章末ごとに一問一答を準備していますので、問題を解きながら理解を深めてください。販売士試験では経営の専門用語（キーワード）が大変重要です。赤字になっているところだけでなく各セクションの終わりにある「加点のポイント」を読み、よく出る用語や概念、その覚え方などを押さえておきましょう。

　また、巻末には本試験形式の模擬試験問題を2回準備しています。ほとんどの一問一答で正解できるようになったら挑戦して、合格のための実践力を磨いてください。

　この試験は全体の7割が取れれば合格ですので、よく出るところを中心に学習すれば合格はより近くなります。まずは3級資格を取得し、次は2級にチャレンジしてどんどんステップアップしていただければと思います。

2020年2月　海光　歩

本書の使い方

本書の構成は大きく分けて①「テキスト」と章末の②「一問一答」、巻末の③「模擬試験問題」の3つのパートで構成されています。①では過去問題を徹底的に分析し、傾向に沿って出やすいところを中心に、イラストを織り交ぜながら簡潔に解説しています。まずはテキストを読み進めながら学習し、理解を深めましょう。②実際に理解できたかを確認するために、章末の「一問一答」を解いてみましょう。③一問一答の内容が解けるようになったら、本試験を受ける気持ちで時間を計って「模擬試験問題」にチャレンジしてみましょう。

> **セクション名は、ここで学ぶテーマを示しています。**

> **学習を効率よく進めるために、出題頻度順にA～Cの3ランクで頻出度を表現しています。**

> **A** 試験に出る確率がとくに高い
>
> **B** 試験に出る確率が高い
>
> **C** 試験に出る確率がやや低い、公式ハンドブックに掲載されていないが基本を理解するのに必要

> 時間に余裕のない場合や、試験前の最終確認をするときにはA、Bランクだけを学習するのもひとつの方法です。

> **最低限おさえておきたい内容を「重要ポイント」という項目にまとめています。ここで重要な知識を押さえておき、そこから知識を積み上げていくと効率的です。**

> **重要語句を赤色で表記しています。付属の赤いシートを使って赤文字の部分を隠し、要点の整理や暗記に役立てましょう。**

Section 1

★★★

頻出度

A

小売業とは

☆重要ポイント

☑ 小売業とは年間販売額の半分以上を最終（一般）消費者に販売している業者のことである

☑ 小売業は消費者ニーズをつかみ、適正な在庫を調整することで流通効率化を図るという重要な役割を果たす

1 小売業の定義

経済産業省の商業統計調査（経済センサス）によれば、小売業とは「個人的に商品を使用する最終（一般）消費者に対する売上が年間販売額の半分以上を○○る販売業者」と定義されています。「業務用に商品を購入する大口消費者（○業用使用者）に少量少額販売する事業者」やガソリンスタンドも含みます。ま○小売業に商品を販売する卸売業を兼ねる業者も多く存在します。

商業統計調査とは経済産業省が全国のすべての商店を対象に行う調査で5年ごとに精緻調査、その2年後に簡易調査を行っています。本試験でも○く問われますので、経済産業省のホームページで、必ず最新データを確認○ておきましょう。

【産業統計調査】http://www.meti.go.jp/statistics/tyo/syougyo/index.ht○

2 小売業が扱う商品

小売業が扱う商品は基本的に有形の消費財ですが、販売に伴う付帯サービス（配送や設置、修理、金融など）も扱っています。特に今日ではコンビニ○ンスストアで宅配サービス、ATM、公共料金振り込み、クリーニングな○有形の商品がないサービスのみの販売も行われています。これからの小売○には物品とサービスの有効な組み合わせが求められているのです。

3 小売業の役割

小売業は、メーカー（製造業）と消費者をつないで効率的な取引ができる○

2

繰り返し学習しよう！

Step 1
テキストで基礎知識を身につけよう

Step1に戻る

Step 2
章末の「一問一答」で学習の成果を確かめよう！

一問一答が解けるようになったら

Step 3
「模擬試験問題」で本番前の腕試しをしよう

「反復学習」することが合格への近道だよ

にする役割を担っています。

また、小売業はメーカーに代わって消費者に対する「販売代理」を行うとともに、消費者に代わってプロの目で商品を選ぶ「購買代理」も行っています。消費者に対して効果的な品ぞろえをするアソートメント機能も重要です。

小売業は、レジで単品ごとの販売情報を把握できるPOSデータを活用し詳細な消費者ニーズを把握することができますので、メーカーに対して売筋商品のデータをフィードバックして、消費者ニーズに沿った商品開発に献しています。

主産から消費までの流通機構

POSデータによる消費者ニーズの伝達

👑 第1章 小売業の類型

本書は、試験に必須の5科目「小売業の類型」「マーチャンダイジング」「ストアオペレーション」「マーケティング」「販売・経営管理」を章立てにして構成しています。

学習内容を具体的に理解できるようイラストや図表を多数使って説明していきます。

加点のポイント 小売業の役割

小売業は、メーカーの販売代理と消費者の購入代理をしている。

キーワードの覚え方や、落としてはいけない最重要項目の説明など確実に点を取るためのポイントを紹介します。

販売士検定試験・資格について

販売士は流通業で唯一の公的資格

　「販売士検定」は、販売員としての素養やサービス向上だけでなく、管理者になってからの知識、経営者になってからの経営管理技術などを体系的かつ網羅的に身につけることを目的に日本商工会議所と全国商工会連合会が主催する公的な資格試験です。

　販売士検定試験の合格者には、「販売士」という称号が付与され、公的に「販売のプロ」として認定されます。

　激動する流通業界で勝ち抜くためには、体系的かつ網羅的な販売に関するビジネス知識を身につけ、日々の仕事を行ううえで問題解決をしていくことが必須です。この点で、「流通業界で唯一の公的資格」である「販売士」の資格を取得した方は、企業内での期待も高く、実際に資格を取られた先輩たちが実績を出してきたこともあり、受験を奨励している企業が多くあります。受験・学習のために費用を負担したり、取得者に対して特別手当を支給したり、昇給・昇格の際の考課材料にプラスすることなどで、社員に対する支援をしている企業も多くあります。

　販売士資格を取得することで体系的な販売知識が身につき、実務面で役に立つだけでなく、小売業や流通業において管理職をめざすことにも役立ちます。

→このような方におすすめ

　販売士資格は、段階的に一般従業員レベル、管理者レベル、経営者レベルの知識を身につけられるため、流通業に関わるすべての方におすすめです。

- ・デパート、専門店、スーパーなど、大規模小売店の販売員および売場責任者や店長クラスの方
- ・一般小売店の従業員および経営者

・製造業、サービス業、卸売業などの販売業務担当者
・これから流通業界で活躍したい方

販売士検定試験の概要

　販売士検定は、1級から3級に分かれており、段階的に3級、2級、1級と上位級へステップアップする成長型資格です。3級では現場の販売員として身につける知識、技術を学びます。2級では部下をもった管理者としての知識を学びます。1級では経営に関わる人材としての知識を学びます。

→販売士検定試験（3級）の対象レベル

　小売店舗運営の基本的な仕組みを理解し、販売員としての基礎的な知識と技術を身につけ、販売業務を行うことができるレベル。

販売士検定試験（3級）の概要

試 験 日	＜年2回＞2月中旬／7月中旬
試 験 内 容	筆記試験 ①小売業の類型　②マーチャンダイジング ③ストアオペレーション　④マーケティング　⑤販売・経営管理
合 格 基 準	筆記試験の得点が平均70％以上で、1科目ごとの得点が50％以上
合 格 発 表	合格発表の期日や方法は、各地商工会議所によって異なります
受 験 料	3級：4,200円（税込）
申し込み方法	受験希望地の商工会議所に確認してください （郵送やインターネットで受け付ける商工会議所もあり）
申し込み期間	試験日の約2か月前から
試 験 会 場	商工会議所が指定する会場

※記載している内容は変更する場合がありますので、詳細は試験実施団体にご確認ください。

販売士検定試験についてのお問い合わせ先
商工会議所ホームページ　https://www.kentei.ne.jp/

出題の方法と配点、合格基準

・出題は、マークシート方式による選択問題です。
・1科目あたり、第1問から第7問までの**合計7問**。
　1問あたりの回答数は**5つ**。
・問題形式は、正誤を問う形式、文章中に入る正しい語句を選択する形式
　の**2つ**。
・1科目あたり、100点満点。5科目で合計500点満点。
・合格基準は、平均して70%以上で、1科目ごとの得点が50%以上であ
　ること。

検定試験の科目内容

1科目
小売業の類型 ・・1ページ

POINT 小売業の類型では、マクロ的な視点から流通業とはどういうものか、どのような仕組みになっているかをまず学び、次にミクロ的に具体的なそれぞれの経営形態について学びます。どちらの視点でも出題されますので、学びながら実際の店舗にも行き、学んだ内容のイメージを確かなものにしていくことがポイントです。

2科目
マーチャンダイジング ・・45ページ

POINT マーチャンダイジングでは、商品計画から仕入、販売にいたるビジネスプロセスについて、具体的な内容を学びます。それぞれの内容について正確な知識を専門用語で身につけるとともに、実際のお店に行って学んだ内容のイメージを確実にすることがコツです。

3科目
ストアオペレーション ・・95ページ

POINT ストアオペレーションでは、具体的な店舗での活動について学びます。販売の現場で使われている知識について専門用語を正しく覚えるとともに、実際の店舗に行って、学んだ内容がどのように活かされているかを確認することが学習効率を高めるポイントです。

4科目
マーケティング ·· 133ページ

POINT マーケティングでは、さまざまなマーケティングの手法について学ぶとともに、顧客との関係をより強いものにするための方法や、店舗を新たに出店するときの手順、ポイントなどについて学びます。実際の店舗に行って、マーケティング戦略がどのように現場で活かされているか考えてみることが理解を深めるコツです。

5科目
販売・経営管理 ·· 169ページ

POINT 販売・経営管理では、販売員が知っておくべき業務知識や法律知識、会計知識などについて学びます。また職場の人間関係を良好に保つコツや、店舗の役割、管理上のポイントなどについても学びます。興味をもって流通に関係する新聞記事を読み、最新の知識を身につけることが学習効率を高めるコツです。

販売士3級 一発合格テキスト&問題集　CONTENTS

第2章　マーチャンダイジング ･･･････････････ 45

CONTENTS

CONTENTS

CONTENTS

第5章 販売・経営管理 ·················· 169

CONTENTS

第 **1** 章

小売業の類型

この科目では、流通における小売業の役割や流通経路別小売業の役割、形態別小売業の役割など大きなテーマから、具体的な店舗形態別小売業の役割、チェーンストアの役割、商業集積の役割と仕組みなどについて基本的な内容を学びます。

小売業とは

頻出度
A

✿重要ポイント

☑ 小売業とは年間販売額の半分以上を最終（一般）消費者に販売している業者のことである

☑ 小売業は消費者ニーズをつかみ、適正な在庫を調整することで流通効率化を図るという重要な役割を果たす

1 小売業の定義

経済産業省の商業統計調査（経済センサス）によれば、小売業とは「個人的に商品を使用する最終（一般）消費者に対する売上が年間販売額の半分以上ある販売業者」と定義されています。「業務用に商品を購入する大口消費者（産業用使用者）に少量少額販売する事業者」やガソリンスタンドも含みます。また、小売業に商品を販売する卸売業を兼ねる業者も多く存在します。

商業統計調査とは経済産業省が全国のすべての商店を対象に行う調査で、5年ごとに精緻調査、その2年後に簡易調査を行っています。本試験でもよく問われますので、経済産業省のホームページで、必ず最新データを確認しておきましょう。

【商業統計調査】http://www.meti.go.jp/statistics/tyo/syougyo/index.html

2 小売業が扱う商品

小売業が扱う商品は基本的に有形の消費財ですが、販売に伴う付帯サービス（配送や設置、修理、金融など）も扱っています。特に今日ではコンビニエンスストアで宅配サービス、ATM、公共料金振り込み、クリーニングなど有形の商品がないサービスのみの販売も行われています。これからの小売業には物品とサービスの有効な組み合わせが求められているのです。

3 小売業の役割

小売業は、メーカー（製造業）と消費者をつないで効率的な取引ができるよ

うにする役割を担っています。

　また、小売業はメーカーに代わって消費者に対する「販売代理」を行うとともに、消費者に代わってプロの目で商品を選ぶ「購買代理」も行っています。消費者に対して効果的な品ぞろえをするアソートメント機能も重要です。

　小売業は、レジで単品ごとの販売情報を把握できるPOSデータを活用して詳細な消費者ニーズを把握することができますので、メーカーに対して売れ筋商品のデータをフィードバックして、消費者ニーズに沿った商品開発に貢献しています。

生産から消費までの流通機構

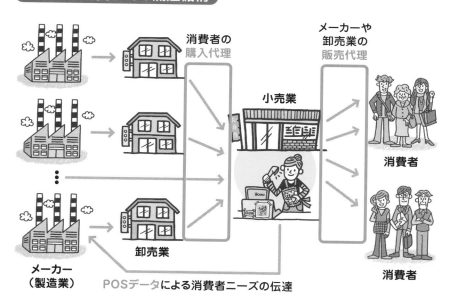

メーカーや卸売業の販売代理

消費者の購入代理

小売業

消費者

消費者

卸売業

メーカー（製造業）

POSデータによる消費者ニーズの伝達

 加点のポイント　小売業の役割

小売業は、メーカーの販売代理と消費者の購入代理をしている。

3

中小小売業の現状と役割

頻出度
B

✿ 重要ポイント

☑ 「中小企業基本法」によれば資本金5,000万円以下、従業員50名以下を中小小売業といい、小売事業者数の95%以上を占める

☑ 中小小売業の事業者数や年間販売額は減少傾向にあるため経営改善が必要

1 中小企業の定義

　中小小売業の定義は中小企業基本法によって定められており、卸売業やサービス業などの業種によってその定義が異なります。小売業については、資本金5,000万円以下、もしくは、従業員数50人以下であれば中小企業とされます。ちなみに、従業員2人以下の零細小売業はパパママストアと呼ばれ、小売業全体の25%以上を占めています。

2 中小小売業の現状

　小売業事業者数の95%以上を占める中小企業は、事業所数や年間販売額が減少傾向にあり、厳しい経営環境下にあります。この改善のためにフランチャイズチェーンや、ボランタリーチェーンへ加盟し、新規事業開発を目指す方向性もあります。

3 中小小売業の役割

　中小小売業には地域に対して以下のような3つの役割があります。

❶ **地域への社会貢献**…地場産品の販売チャネル、雇用の受皿としての役割

❷ **地域の消費者のための店舗**…消費者の選択範囲の拡大、大型店にはない品ぞろえ提供の役割

❸ **地域の消費者とのコミュニケーション機能**…地域顧客のふれあいの場としての役割

4 中小小売業の活性化

中小小売業の活性化の方向としては以下の5つがあります。

❶ **チェーン組織**への**加盟**…ノウハウを供与してもらうことで近代化が可能。経営指導料（ロイヤルティ）の割合が現実的で納得できるかどうかの見極めがポイント

❷ **品ぞろえの専門化**…顧客を絞り込み、そのニーズに応じた専門的品ぞろえを目指す

❸ **業種店から業態店への転換**…多くの八百屋や魚屋のように「何を売るか」にこだわるのではなく、「まず顧客ありき」の、顧客ニーズ優先の品揃えなどを行う店づくりを進める

❹ **きめ細かなサービスの提供**…秤売りや小分け販売、宅配サービスなど顧客のニーズに合ったサービスを提供する

❺ **ITの活用**…インターネットによる立地の制約を越えたマーケティングを行う

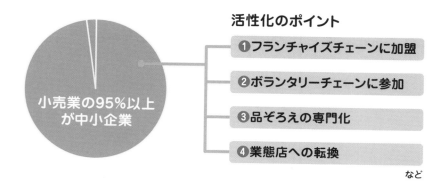

活性化のポイント

- ❶フランチャイズチェーンに加盟
- ❷ボランタリーチェーンに参加
- ❸品ぞろえの専門化
- ❹業態店への転換

など

 加点のポイント 中小小売業の現状

中小小売の事業者と年間販売額は1999年以降、減少傾向が続いています。

組織小売業の種類と特徴

✿重要ポイント

- ☑ 組織小売業とは、複数の店舗が同じ店舗名を使用し、仕入や店舗経営面で共通の基盤を活用して商売する形式のことである
- ☑ 大量仕入（バイングパワー）により仕入単価が低減でき、経営ノウハウを共有できるなどのメリットがある

1 組織化による4つのメリット

　組織化による最大のメリットは、量と数の力を手に入れて交渉力を高め、安定したブランドを確立することです。

❶ 大量仕入によって交渉力が強まり、仕入単価の低減が図れる

❷ 大量仕入によってメーカーに優遇され納品スピードが向上する

❸ 多数の店舗からの売れ筋情報を共有して販売効率が上がる

❹ 複数店舗の存在により顧客が安心感をもつ

組織化によるメリット

組織化していない場合

**メーカー
（製造業）**

卸売業

仕入量が少ない
＝交渉力が弱い

・仕入単価引き下げの
　交渉を行いにくい
・大型顧客に比べて納
　品の優先度が低い

小売業

消費者

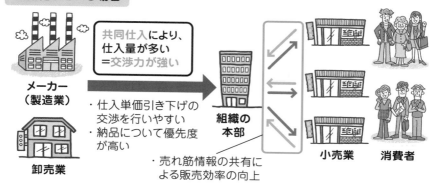

組織化している場合

共同仕入により、仕入量が多い＝交渉力が強い

メーカー（製造業）

・仕入単価引き下げの交渉を行いやすい
・納品について優先度が高い

卸売業

組織の本部

・売れ筋情報の共有による販売効率の向上

小売業　消費者

2 組織小売業の分類

　組織小売業には種類があり、それぞれに特徴があります。試験でもよく出題されますので、整理して覚えましょう。

❶ ボランタリーチェーン（VC）

　ボランタリーは「自発的に」という意味であり、独立系小売業が自発的に集まるか、卸売業者の主催によって本部を形成し、集中発注による仕入を行うことでコストダウンや、商品情報・販売情報の共有化などを行う組織です。

　本部は加盟店からの経営指導料（ロイヤルティ）で運営します。あくまでも加盟店は独立経営ですが、本部の運営に積極的に参加する義務があります。本部は規模の力を利用した共同仕入で有利な条件の仕入をしたり、店舗運営ノウハウを共有化したり加盟店を支援したりします。

❷ フランチャイズチェーン（FC）

　フランチャイズとは「販売特権」の意味であり、ある企業が資本関係のない他社に対して店舗ブランド名や運営ノウハウなど（フランチャイズパッケージ）の使用を許可する「契約」を、本部と加盟店が1対1で結び、加盟店が特権使用料（ロイヤルティ）を払う契約形態のことをいいます。コンビニエンスストアや、ファストフードチェーンに多く見られます。

　加盟店のメリットは①信頼あるトレードマークが使用できることで消費者に信頼される、②FC本部のノウハウを活用できる、③経営上のリスクが少ない、④従業員の確保や育成が単独経営よりも容易などです。FC本部のメリットは、

ボランタリーチェーンの仕組み

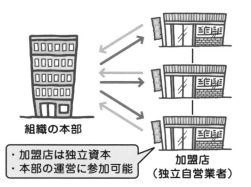

組織の本部

・加盟店は独立資本
・本部の運営に参加可能

**加盟店
（独立自営業者）**

加盟店から本部（←）
・経営指導料（ロイヤルティ）の支払
・本部の運営への参加

本部から加盟店（→）
・商品供給（共同仕入）
・各種経営支援
　（ノウハウや売れ筋情報の提供）

加盟店同士の関係
・同じチェーンに参加する仲間で、
　横のつながりがある

フランチャイズチェーンの仕組み

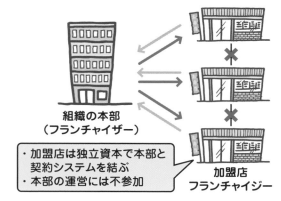

**組織の本部
（フランチャイザー）**

・加盟店は独立資本で本部と
　契約システムを結ぶ
・本部の運営には不参加

**加盟店
フランチャイジー**

加盟店から本部（←）
・特権使用料（ロイヤルティ）の
　支払

本部から加盟店（→）
・店舗ブランド、経営ノウハウの
　使用許可
・商品の大量一括仕入、新商品
　の開発、大量広告の実施など

加盟店同士の関係
・ライバル同士で横のつながり
　はない

レギュラーチェーンの仕組み

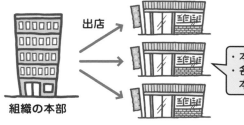

出店

組織の本部

・本部と店舗は単一資本
・各店舗の店長や従業員は
　本部の運営会社の社員

①少ない投資で急速な規模の拡大が可能、②確実なロイヤルティ（収入）を得られる、③情報収集の中心となれるなどです。

本部を「フランチャイザー」といい、加盟店を「フランチャイジー」と呼びます。加盟店同士はそれぞれがライバルです。

❸ レギュラーチェーン（RC）＝コーポレートチェーン（CC）

レギュラーチェーン（コーポレートチェーン）とは、「本部と各店舗が単一資本のもとで同じ事業体に属しているチェーン形態」のことです。ボランタリーチェーンやフランチャイズチェーンとは異なり、通常は、各店舗のオーナーは本部の社員であり店長も本部の運営会社の社員となります。スーパーマーケット、家電量販店、アパレル、書店、ホームセンター、ドラッグストア、ディスカウントストアなどあらゆる業種、業態で見られます。

チェーンオペレーションは、管理機能の本部集中化で経営効率化が図れ、大量仕入によって規模の利益による低価格仕入が可能であり、消費者には低価格を訴求できます。

しかし、近年では、消費者ニーズの多様化に対応して本部権限の一部を店舗に権限委譲し、より地域に密着した店舗展開をとるレギュラーチェーンも出てきています。

組織小売業の分類と特徴

名称	本部と店舗の資本関係	特徴
ボランタリーチェーン	独立資本の店舗が集まり本部を設立	本部の共同購入による仕入れコストの削減、単一店舗では難しいプライベートブランド（PB）の開発などを行うこともある
フランチャイズチェーン	本部と店舗は別資本で1対1の契約	加盟店はロイヤルティを支払うことで、商標や経営ノウハウの使用権を得る
レギュラーチェーン	本部と直営店は単一資本	本部の指示による画一的な店舗経営を行っている
COOP（消費生活協同組合）	消費者（組合員）自身が出資金を出し合い運営	地域住人が中心となって結成される地域生協と、企業や大学などで組織される職域生協に分類される

 加点のポイント 組織小売業の覚え方

単一資本がレギュラーチェーン、契約システムがフランチャイズチェーン、独立協力がボランタリーチェーンです。

チェーンストアの基本的役割

頻出度
A

🔧 重要ポイント

☑️ チェーンストアは全般管理を行う本部と各店舗という構造をもつ
☑️ 中央集権、一括集中仕入など画一的な標準化した店舗運営政策
を基本とする

1 チェーンストアの意味

国際チェーンストア協会の定義によれば、「単一資本で11店以上の店舗を直接経営管理する小売業または飲食業」がチェーンストアです。

2 チェーンストアのねらい

各店舗の運営コストの低減と、大量販売方式による衣・食・住の総合生活需要の創造および特定分野の市場開拓をねらいとしています。

3 チェーンストアの種類

チェーンストアには、いくつかの分類の仕方があり、分類の仕方をベースにした出題もあります。次ページの図で整理して覚えましょう。
❶ 資本形態による類型
❷ 商圏規模による類型
❸ 店舗形態による類型
❹ 商品分野による類型

4 チェーンストアの特徴

不特定多数の消費者を対象に、効率的かつ効果的な大量販売を目指すマス・マーチャンダイジングがチェーンストアの特徴です。企業規模の大きさを武器に大量販売を前提とした大量仕入を行い、支配的な地位でメーカーや仕入先から好条件で取引できる力をもちます。これをバイングパワーといいます。

5　チェーンストア経営上のメリットとデメリット

チェーンストアの経営上のメリットとデメリットは以下のようなものです。

メリット

大量仕入によるコスト減、店舗標準化による運営コスト減、多店舗展開による知名度向上

デメリット

業績による店舗間格差があること、出店増加によるトラブル、人材確保難、本部と店舗の対立、標準化による地域密着化への限界など

チェーンストアの種類

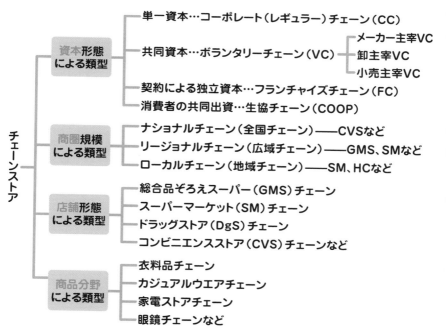

出典：『販売士検定試験3級ハンドブック』（2019年改訂版）

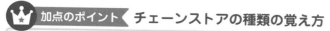 加点のポイント　チェーンストアの種類の覚え方

チェーンストアの種類は、4つの大分類別によく理解しましょう。

チェーンオペレーションの基本知識

頻出度 **B**

✿重要ポイント

☑ **チェーンオペレーション**とは**本部**主導の同じフォーマットの店舗を複数展開する、つまり**連鎖型画一的**な店舗運営の仕組みのことである

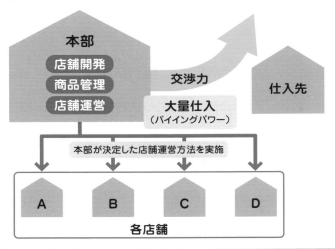

---

1 チェーンオペレーションとは何か

　チェーンオペレーションは連鎖型画一的な店舗運営を行っており、本部は以下の3つの機能を果たしています。この本部と店舗機能の分離により、1店舗あたりの間接コストを削減し、ローコストオペレーションを実現します。

❶ 店舗開発…立地開発と店舗開発を計画し、多店舗化の推進を実行する

❷ 商品管理…商品の価格設定、棚割、低価格・高品質・高利益商品の研究、仕入政策、在庫管理など

❸ 店舗運営…画一的なゾーニング、レイアウト設計および業務マニュアル、トレーニング計画など、商品販売までのオペレーションを標準化し、各店舗に指示を出す

チェーンストアの仕組み

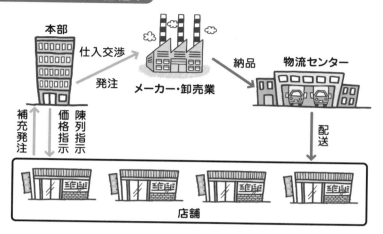

2 チェーンオペレーションの課題

チェーンオペレーションは、効率性を追求するための画一化を推進してきましたが、消費者ニーズの多様化により、変化への対応が迫られるようになりました。

❶ **変化する市場への対応**…画一性の維持と各地域の購買慣習の違いなどに柔軟に対応する地域密着型のオペレーションとのバランスをどうとるかが課題

❷ **人的な対応**…本部主導型の画一的な管理では、地域性の高いニーズに対応できず、現場の創意工夫を阻害してしまう場合もあるため、このバランスをどうしていくかが課題

❸ **マニュアルの弊害**…本部の集中管理に慣れた従業員がマニュアルどおりにしか行動できなくなることでクレームになることがある。現場の臨機応変な対応と本部管理のバランスをどうしていくかが課題

👑 加点のポイント チェーンオペレーションの特徴

チェーンオペレーションでは本部のコントロールのもと連鎖型画一経営を行っている。

チェーンストア組織と運営管理

✿重要ポイント

☑ チェーンストアの本部は「商品担当」「店舗管理」「人事」など、部門ごとに責任の範囲と権限が明確である

☑ 消費者ニーズの変化が激しいため、本部の標準的な管理と現場の臨機応変な対応や創意工夫の間でうまくバランスをとることが課題である

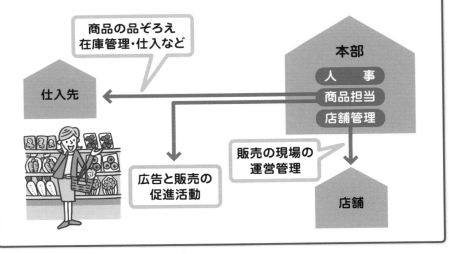

1 チェーンストアの運営管理体制

チェーンストアの運営管理体制には、大きく以下の2つの形態があります。

❶ 分散管理型…全国規模で展開するチェーンに多く、地域別に運営管理を分散し、地域密着型の標準化を推進しようとする形態

❷ 集中管理型…特定のカテゴリーを取り扱う専門店チェーンに多い形態で、本部が集中管理を行う形態

2 部門別組織の特徴

チェーンストアは分業による効率化が図られており、部門ごとの仕事内容は以下のようになっています。

❶ 商品担当部門…商品の品ぞろえ、在庫管理を中心として基本的な販売計画の立案、仕入先との商談と交渉、仕入実施、商品選定、店舗割り当て、物流センターの在庫管理、商品価格の設定、広告と販売促進の支援などを行う

❷ 店舗管理部門…店長のほか、運営マネージャーと商品販売責任者を設置し、運営全般に責任をもつ

❸ 人事部門…従業員、幹部候補生の募集、採用、教育訓練などを行う

現場は販売活動を
実行しています

本部は人事と
商品の仕入などを
コントロールします

👑 加点のポイント チェーンストアの運営管理体制

チェーンストアは本部集中管理で現場は指示を受け、販売活動を実行する。

販売形態の種類と特徴

頻出度

A

> ✿ **重要ポイント**
> ☑ 販売形態には大きく「店舗販売」と「無店舗販売」の2つがある
> ☑ 消費者志向では業種店より業態店の方が有利である

1 店舗販売の特徴

　店舗販売は「立地」によって競争力が大きく変化する販売形態です。無店舗販売と比べると、①店舗が存在する、②商品が店内に展示されている、③顧客は店舗が立地する商圏内の消費者である、④顧客が店舗に来店し、購入の意思決定をする、⑤基本的に店員との対面で販売が行われる（セルフ店の場合はレジでの精算が行われる）など、大きく５つの違いがあります。小売業の約８割は店舗販売です。

2 無店舗販売の種類

　無店舗販売は、「店舗をもたない販売形態」で、以下の４つが代表的です。
❶ 訪問販売
　訪問販売は、販売員が各家庭や職場を訪問して商品を販売するスタイルで、８日以内なら無条件で解約できる「クーリングオフ制度」の対象となっています。企業や団体を対象とした職域販売、キャッチセールスも訪問販売の一種です。訪問販売は、店舗販売に比べて商圏を自由に設定できる、見込み客を訪問してデモンストレーションを行うなど積極的な販売活動ができるというメリットがあります。
❷ 移動販売
　人が集中する場所にトラックやライトバンなどで商品をもっていき、一時的な店舗で販売を行う形態です。
❸ 通信販売
　カタログ、新聞・雑誌広告、テレビ、インターネットのウェブサイトなどの媒体を通じて商品の販売広告を行い、顧客がこれに意思表示をすることで

取引を行う形態です。商品は郵便小包、宅配便などで顧客に届けられます。

❹ **自動販売機による販売**

　飲料やファストフード、下着など対象商品が拡充しています。

販売形態の種類

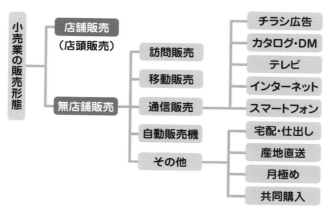

出典：『販売士検定試験3級ハンドブック』(2019年改訂版)

3 小売業が兼業するネット販売

　ネット販売とは通信販売の中で特にインターネットを介したものをいいます。オンラインショッピングとも呼ばれます。ネット販売のひとつにネットスーパー（総合品ぞろえスーパー）があり、店舗から注文商品を集める「店舗型」と倉庫で集める「倉庫型」があります。店舗型は参入が容易ですが人件費が課題で、倉庫型は設備投資が重く、在庫管理が課題です。その他、百貨店のネット販売、コンビニのネット販売（受け取りを店舗と宅配で選べる）などがあります。

小売業が兼業するネット販売の分類

総合品ぞろえスーパー	通称「ネットスーパー」。食品を中心に取り扱う。
百貨店	衣料品・雑貨などに加え、宝飾品、化粧品、食品など幅広く取り扱う。
コンビニエンスストア	チケット購入などの代行や食品販売が中心。
CD・DVDショップ、書店、中古書店	新品および中古品のCD・DVD・ブルーレイ・書籍・ゲームソフトの販売を行う。

4 業種店と業態店

　八百屋や魚屋のように「どんな商品を売るか」という視点で店を判断するのが「業種店」という分類の仕方で、百貨店、専門店、コンビニエンスストアなど「どのような売り方で売るか」という視点で判断するのが「業態店」という分類の仕方です。

　業態店では、①誰の、②どのようなニーズに対して、③何を、④どのように組み合わせて、⑤どのような方法や仕組みで売るのかということを明確にして、より顧客の視点に立った売り方が工夫されています。つまり、より顧客サイドに立った経営をしているといえます。今日では、商品重視の業種店から消費者の立場に立った業態店への転換が必要になっています。

業種店から業態店への転換例

元々の店舗業態（業種店）

魚介類のみを扱う鮮魚店

顧客のニーズ分析

・顧客は自分で調理をする主婦層がメイン
・顧客のニーズは以下の通り
　① 毎日のレシピを考えるのが大変
　② 鮮魚以外の食材や調味料などを購入するために複数店舗に行くのが面倒

新しい店舗業態（業種店から業態店へ）

・顧客のニーズに応えるため、旬の鮮魚を使った1週間のレシピ例を店舗内で紹介するようにした
・レシピで紹介している鮮魚以外の食材や調味料等も販売するようにした

 加点のポイント 販売形態の種類の覚え方

販売形態の種類は体系図を自分で書いてみると知識が整理できます。

インターネット社会と小売業

頻出度 **A**

✿重要ポイント

☑ インターネットによって新たに発生したさまざまな電子商取引市場について最新の情報や、新しいキーワード（O2O、オムニチャネル、キャッシュレスなど）を押さえておきましょう。

1 インターネットの普及とネットショッピング

現代はICT（Information and Communication Technology）が飛躍的に発展し、インターネットは既存のマスメディアに加えて大きな情報源となりました。実際に、個人のインターネット利用率は80％を超え、機種別ではスマートフォンの利用率がパソコンを超えるようになっています。

ネットショッピングの利用率も全年代の平均で7割を超え、ネットショッピングを利用する理由として店舗に行かなくても購入できるため時間が節約できることや、重い荷物を宅配できるメリットがあげられています。逆に利

インターネット販売についての消費者の心理

インターネットを利用する理由	
全世代共通の理由	・実店舗に出向かなくても買い物ができるから ・24時間いつでも買い物ができるから
年齢層が若い人に多かった理由	・実店舗より安く買えるから ・実店舗より品ぞろえが豊富だから
年齢層が高い人に多かった理由	・買いたいものが検索機能ですぐに探し出すことができ、時間の節約になるから ・自宅に持ち帰るのが大変な重い物が手軽に買えるから

インターネットを利用しない理由	
全世代共通の理由	・今までネットショッピングを利用しなくても特に困らなかったから
60代以上の方に特に多かった理由	・決済手段のセキュリティに不安があるから ・ネットショッピング事業者の信頼性が低いから ・実店舗で実物を見たり触ったりして購入したいから

総務省「社会課題解決のための新たなICTサービス・技術への人々の意識に関する調査研究」（平成27年）より作成

用しない理由としては、セキュリティへの不安や、実物を見て触って決めたいなどが多くあげられています。

2 拡大する電子商取引市場とキャッシュレス対応の進展

　電子商取引には、「B to B（企業間取引）」、「B to C（企業と消費者間取引）」「C to C（消費者間取引、ネットオークションなど）」などがあります。
このうち、B to Cの市場規模は、2010年から2017年までの7年間で2倍強増え、EC化率（実店舗を含む商取引市場全体における電子商取引率）は2017年時点で6％弱まで増加しています。
　市場規模を分類別にみると物販系では「雑貨、家具、インテリア」「事務用品、文房具」、サービス系では「飲食、理美容サービス」、デジタル系では「電子出版と有料動画配信」の伸び率が高くなっています。
　また、近年ではネットオークションやフリマアプリの普及により消費者間の電子商取引が急速に拡大しています。
　キャッシュレス決済化は、現金ではなく、クレジットカードや電子マネーを使用して支払いを行うものです。会計処理の効率化、現金管理の効率化、客数、客単価の向上などのメリットを見込んで各企業が積極的にプロモーションした結果、急速に進んでいます。また、日本よりもキャッシュレス決済化が進んでいる諸外国からの旅行客への対応、2019年の消費税率引き上げ対策として行われたキャッシュレス・消費者還元事業なども、キャッシュレス決済化の普及を後押ししています。

キャッシュレス決済のメリット・デメリット

メリット	①会計処理が楽になる 　受領した現金額の確認や硬貨の受け渡しが不要 ②現金管理の手間が省ける 　閉店後に行う売上額と現金額の照合作業が不要 ③客数・客単価の向上が期待できる 　キャッシュレス決済を希望する顧客の販売機会ロスを防ぐことができる
デメリット	①カードの不正利用等 ②①を抑止するための決済端末の整備等のコスト発生

3 変化する消費者の買い物スタイル

　消費者の買い物スタイルが急速に変化し、リアルショップ（実店舗）をショー

ルーム代わりにしてそこでは購入せずにネットで購入するショールーミング行動や、口コミを重視し販売員の丁寧な接客を敬遠する顧客などが出現しています。一方で、「O2O：Online to Offline（オーツーオー）」のようなオンラインでクーポンを提供してリアル店舗に集客する仕組みなどにより、新しいプロモーションスタイルが生まれてきています。

　また、リアル店舗では、ＶＲ（仮想現実）やＡＲ（拡張現実）の導入で、商品を自宅に設置した際のイメージを疑似体験させるなどの新しい接客もはじまっています。

　「オムニチャネル（すべてのチャネル）」という概念をベースにした取り組みもはじまっています。リアルショップに加えてインターネット等でも購入できる体制を整えたり、店舗での受取りに加えて自宅への配送をできるようにしたりして、好きな場所で購入し、好きな場所で受け取るという総合的な仕組みがつくられはじめています。

オムニチャネルの概念図

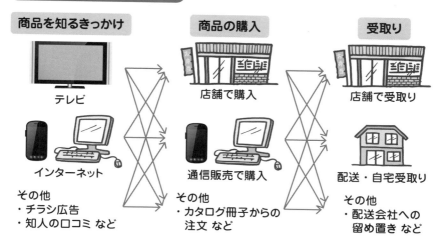

商品を知るきっかけ

テレビ

インターネット

その他
・チラシ広告
・知人の口コミ など

商品の購入

店舗で購入

通信販売で購入

その他
・カタログ冊子からの
　注文 など

受取り

店舗で受取り

配送・自宅受取り

その他
・配送会社への
　留め置き など

加点のポイント **時事ネタにも注意！**

ここ数年で変化が激しい分野ですので、普段のニュースで動向を確認しておきましょう。

店舗形態別小売業の業種①
専門店

頻出度
B

✿ 重要ポイント

☑ 専門店とは、対象顧客を限定し、顧客ターゲットのライフスタイルに対応し、狭い商品ラインと深い商品アイテム、深い商品知識を前提とした対面販売（非セルフサービス）店である

---

1 専門店の特徴

　専門店には専業（業種）店と専門（業態）店があります。専業店は「何を売るか」という視点で品ぞろえをしますが、専門店は顧客のライフスタイルに合わせてストアコンセプトを設定し、「顧客ニーズにどう対応するか」という視点で品ぞろえをします。ストアコンセプトはその店の基本理念であり、顧客ターゲットの設定や販売方法もストアコンセプトに基づいて設定されます。

　顧客志向が高まる今日においては、顧客のライフスタイルに焦点をあてた専門（業態）店が成長しています。専門（業態）店は、顧客のライフスタイルの視点から単一品種または限定した品種に商品を絞り込み、その中で独特の商品構成による販売とサービスを行う小型から中型の店舗です。オリジナルの商品開発や売場づくりに特色を出し、個性化戦略を進める店舗も多く、以下の4点が経営のポイントです。

❶ 品ぞろえの専門化…**対象顧客を絞って商品ラインを限定し、そのラインの中で深い品ぞろえを行う**

❷ 情報システムの構築…**「誰が」「何を」「なぜ買ったのか」を分析し、経営に活かす**

❸ リピート購買の促進…**固定客へのリピート販売の増加で売上増加を目指す**

❹ 専門的人材の育成…**対面で顧客の専門的なニーズに対応できる専門知識のある店員を養成する**

 加点のポイント **専門店の特徴**

専門店はストアコンセプトの良さと、商品知識が競争力。

Section 10

店舗形態別小売業の業種②
百貨店

頻出度 **A**

第1章 小売業の類型

🌸 重要ポイント

☑ 百貨店とは、買回品（かいまわりひん）（商品を購入するまでに複数の店舗を見て回り、比較しながら決める商品のこと）を中心とした幅広い品ぞろえで、対面販売を中心に、商品系列部門ごとに組織された大規模な小売形態である

1 百貨店の特徴

　百貨店は、単一資本の経営によって多種多様な商品を部門（デパートメント）別に管理し、販売する大規模小売店です。「基本的に店舗ごとに運営が任されていること」、「高サービスを基本としているところ」が量販店との違いです。衣料品と食品が売上の3分の2を占め、営業マンが出向いて販売をする「外商部門」があることも百貨店の特徴ですが、今日では法人需要の低下や高額品の売上減少が進み、問題となっています。また、多くの商品は、委託販売でリスクが少ない反面、買取販売より利益が少なく、さらに仕入先から派遣された社員に依存して販売されてきたため、売上が大きく低下したときに、打つ手がありませんでした。最近ではこの反省に立って、買取仕入、自主完売を目指す「自主マーチャンダイジング」に取り組み始めています。また、地下の食品売場「デパ地下」での食品販売（惣菜、デザート、生鮮食品）が伸びています。百貨店の課題は大きく以下の4点です。

❶ 委託販売からの脱却…委託販売形式と派遣社員による販売から自主責任型へ
❷ 買取仕入、PB商品の導入…自主マーチャンダイジングを行う
❸ 個人外商部門の強化…個人富裕層を対象とした外商の強化を図る
❹ 地域に密着した拡大…商圏ニーズに合わせた店舗ごとの規模拡大と効率性向上

 👑 加点のポイント 百貨店の課題

百貨店は買回品中心高サービス、委託販売からの脱却が課題。

23

Section 11

店舗形態別小売業の業種③
総合品ぞろえスーパー（GMS）

頻出度 **C**

⚙ 重要ポイント

☑ 総合品ぞろえスーパーは、アメリカで発達したGMS（General Merchandise Store）の日本版で、日本型GMSは食品を扱う

☑ 総合品ぞろえスーパーとスーパーマーケットとの違いは、総合品ぞろえスーパーは食品以外の品ぞろえが50％以上あるのに対し、スーパーマーケットは一般的に食品が70％を超える食料品スーパーのことを示す点である

1 総合品ぞろえスーパーの特徴

　日本型の総合品ぞろえスーパーは、重層式の建物に衣・食・住の日常商品をフルラインで品ぞろえした店舗づくりで、ワンストップショッピングの代表的な業態と位置づけられてきました。経営形態としてはレギュラーチェーンが一般的であり、マス・マーチャンダイジングを運営の基本としています。近年、ディスカウントストア、100円ショップなど専門業態に部門ごとのシェアが奪われはじめ、総合品ぞろえスーパー業態の衰退が懸念されています。

　この対策として、プライベートブランド（PB）商品の拡大・強化や総合品ぞろえスーパー自身によるショッピングセンターの開発などの取り組みがされています。人気のテナントを誘致し、ショッピングセンターへの顧客誘引ができれば、核店舗である総合品ぞろえスーパー自体の売上も期待できます。総合品ぞろえスーパーの経営課題は以下の2点です。

❶ 他業態との比較における特徴的な価値の追求が課題
❷ 出店の低コスト化、ローコストオペレーション、他業態への移行も検討

 加点のポイント ◀ 総合品ぞろえスーパーの課題を押さえておこう！

GMSの課題は、他業態との差別化とローコストオペレーション。

店舗形態別小売業の業種④
スーパーマーケット（SM）

頻出度 ★★★
A

⚙️重要ポイント

☑ スーパーマーケットは、大量生産体制の確立と大量消費の市場需要に応える形で誕生した

☑ 衣・食・住のいずれかの取り扱いが70%を超える専門スーパー（店舗面積250m²以上）のことをスーパーマーケットと呼ぶ

---

1 スーパーマーケットの特徴

　スーパーマーケットは、生鮮食料品を中心とする毎日の食生活への食材提供と、外食と家庭内食の中間食を品ぞろえの中心として、セルフサービス方式、一括集中レジ管理方式で運営される業態です。全国展開はしておらず、部門管理型の低マージン・低価格販売を特徴として、地域密着型の出店方式を取っています。スーパーマーケットの特徴は以下の3点です。

❶ セントラルバイング（本部による大量一括仕入）で仕入の低コスト化
❷ ローコストオペレーションと生鮮食料品、加工食品の特売による大量販売
❸ セルフサービス方式と一括集中レジ管理方式による人的コストの削減

 加点のポイント スーパーマーケットの特徴

スーパーマーケットは、生鮮食料品中心、セルフサービス、一括集中レジ管理方式。

店舗形態別小売業の業種⑤
ホームセンター（HC）

★★★
頻出度
B

✿重要ポイント

☑ ホームセンターは、当初DIY店（Do It Yourself:自分で補修するための道具、材料を売る店）としてスタートし、園芸、ペット、カー用品など、扱う商品の範囲を広げながら、ディスカウントストア志向も取り入れてきた

1 ホームセンターの特徴

　ホームセンターは、市街地の小型店と郊外の大型店に二極化しています。小型店では生活必需品を中心としており、DIY、園芸用品などは付け足し程度ですが、大型店では、DIY、園芸用品に食品部門、農業資材なども加え、さらにスーパーホームセンターやスーパーセンターなどの新しいタイプに移行するものもあります。ホームセンターの経営のポイントは以下の2点です。

❶ 生活シーン別の売場づくりなど提案型の販売の強化
❷ ワンフロア店舗、ローコストオペレーションで効率のよい店舗運営システムをもつ
❸ 高い利益率で低い商品回転率の商品が主流

👑 加点のポイント ホームセンターの特徴

ホームセンターはDIYがスタートで、園芸、ペット、カー用品の分野で成長。

店舗形態別小売業の業種⑥
ドラッグストア（DgS）

✿重要ポイント

☑ ドラッグストアは、メインターゲットを女性とし、ヘルス＆ビューティケアを主力商品として拡大してきた

1 ドラッグストアの特徴

　ドラッグストアは医薬品販売を核部門として、ヘルス＆ビューティケア（H＆BC）カテゴリーを中心に季節提案する業態です。許可営業であり、規制対象店舗です。医療用医薬品や第1類医薬品を扱うためには薬剤師を置く必要があります。一般的には購入頻度の高い生活必需品を低価格販売して売上を維持し、来店者に高粗利商品を推奨する店が多く、専門性の強化が課題となっています。ドラッグストアの経営課題は以下の3点です。

❶ 薬剤師の確保が困難

❷ 規制緩和による一般小売店の参入への対応

❸ セルフメディケーション（自ら健康を維持する）ニーズに応える医薬品販売への対応

ヘルス＆ビューティケア　　薬剤師 登録販売者　　医薬品　　許可営業

👑 加点のポイント ▶ ドラッグストアの特徴

ドラッグストアは医薬品＋ヘルス＆ビューティケア。

店舗形態別小売業の業種⑦
コンビニエンスストア（CVS）

★★★
頻出度
A

🌸 重要ポイント

☑ コンビニエンスストアは、フランチャイズ方式と、POSシステムをベースとした情報システム、本部の経営サポートの3つを武器に、今や小売業を代表する形態のひとつである

1 コンビニエンスストアの特徴

　コンビニエンスストアは、アメリカ生まれの日本育ちという小売業態です。顧客にとっての"便利性"をコンセプトに、約30坪（30〜250m²未満）の小型店舗に約3,000アイテムの絞り込まれた商品を品ぞろえし、14時間以上営業しています。「すぐ食べられるものを中心に、日常欠かせない緊急性の高い商品でよく売れるもの」を品ぞろえし、POSシステムにより売れない商品（死に筋）を徹底的に排除しています。また、フランチャイズチェーン方式でエリアごとに集中出店をする「ドミナント展開戦略」により売れ筋情報を集約し、そのエリアの品ぞろえの最適化を行っています。コンビニエンスストアの特徴は以下の3点です。

❶ 14時間以上営業しており、近隣住民の利便性に応える品ぞろえ

❷ POSシステムによる情報武装で、死に筋商品を排除。多品種少品目少量の品ぞろえ

❸ フランチャイズ方式で本部の的確な経営指導のもとに店舗数を拡大

👑 **加点のポイント** コンビニエンスストアの特徴

コンビニはフランチャイズ方式とPOSシステムによる死に筋商品の排除で成長。

店舗形態別小売業の業種⑧
スーパーセンター（SuC）

頻出度 **C**

🔧 重要ポイント

☑ スーパーセンターは、アメリカのウォルマートが開発した業態で、すべての商品を一年中低価格で販売するエブリディ・ロープライス戦略で拡大を図る

第1章 小売業の類型

1 スーパーセンターの特徴

　スーパーセンターは、ウォルマートが開発した、大型のスーパーマーケットにディスカウントストアを加えた業態（衣・食・住フルライン）を指します。売場が1万㎡以上で、競争力のある低価格、ローコストオペレーション、全部門直営でレジを1か所に集中させるなどの特徴があります。日本におけるスーパーセンターの課題は以下の2点です。

❶ エブリディ・ロープライスを継続的に実現するため販売費や管理費を削減
❷ 日本では他業態との競争が厳しく、小商圏での独立した地位の確保が困難

大型のスーパーマーケット ＋ ディスカウントストア ＝ スーパーセンター

ウォルマートが開発
衣食住フルライン

👑 加点のポイント　スーパーセンターの特徴

スーパーセンターは、ウォルマート開発のフルラインローコスト経営。

さまざまな小売・卸売店舗形態

頻出度 **C**

> **✿重要ポイント**
>
> ☑ さまざまな店舗形態とは、商業統計調査における業態分類では「百貨店、総合スーパー、コンビニエンスストア、ドラッグストア、その他スーパー、専門店、中心店を除く、すべての小売店」と定義されている

1 さまざまな店舗形態と特徴

さまざまな店舗形態については、形態名称と説明内容をつなぐ形で問われることが多いので、名称と内容をしっかり結びつけて覚えましょう。

❶ ディスカウントストア

チェーンオペレーションによる大量仕入、製販一体方式などにより、ローコストオペレーションを実現し、継続的に薄利多売を目指す小売業態です。

❷ 100円ショップ

店内の全品目を100円（税別）で売る店舗。ディスカウントストアの一形態です。

❸ 家電量販店

家電品やパソコン関連に品目を絞り、大量、安価販売を行う業態。パソコンの爆発的な普及が拡大を後押ししたといわれています。

❹ 衣料量販店

店舗名がブランドとなり、値ごろ感で顧客を引き付ける大型店舗。衣料スーパーとも呼ばれます。商品企画から製造（海外拠点での生産含む）、販売までの製販一体体制（SPA：Specialty Retailer of Private Label of Apparel）を手がけることで低価格を実現する店もあります。

❺ アウトレットストア

アウトレットは「出口」「掃き出し口」の意味で、ブランド品の売れ残り、B級品を格安で販売する在庫処分店がもともとの形態です。最近では郊外に大規模なアウトレットモールが出現し、ここでのみ販売するアウトレット専用

商品も出てきています。

❻ 会員制ホールセールクラブ

アメリカの<u>サムズ</u>や<u>コストコ</u>に代表される<u>大型の倉庫型店舗</u>で、ケースやカートン単位で<u>会員</u>である個人消費者に<u>卸価格</u>で商品販売する形態ですが、実態は卸売業の小売業への進出です。粗利益率は10%を維持しています。

❼ キャッシュ＆キャリー

レストラン、小規模食品店を対象とした会員制の<u>現金販売持ち帰り</u>方式を基本としている店舗です。ドイツの<u>メトロ</u>が代表的です。

❽ ネイバーフッド・マーケット

<u>24時間</u>営業の<u>小商圏</u>向けスーパーマーケット。標準的にはスーパーマーケットの約2倍の規模です。

❾ COOP（消費生活協同組合）

<u>消費生活協同組合法</u>を前提とし、組合員の出資金をもとに、組合員の代表である総代会という意思決定機関をもって組織される<u>非営利</u>の協同組合です。組合員（消費者）に対して<u>共同購入</u>などの利便性を与えることを目的としています。

COOP の運営

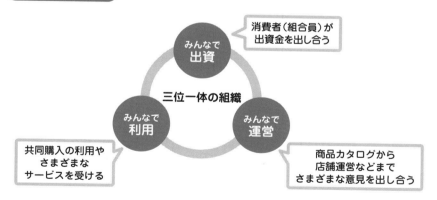

三位一体の組織

みんなで出資
消費者（組合員）が出資金を出し合う

みんなで利用
共同購入の利用やさまざまなサービスを受ける

みんなで運営
商品カタログから店舗運営などまでさまざまな意見を出し合う

👑 加点のポイント　さまざまな店舗形態を理解するためのポイント

100円ショップや家電量販店など日本全国に普及している店舗形態もあります。テキストの内容を意識しながら、可能な限り実際に見に行くと理解が深まります。

Section **18**

商店街の種類と特徴

頻出度
B

🌸 重要ポイント

- ☑ 特定の地域あるいは近隣地域からの強い集客力をもつのが小売業の商業集積である
- ☑ 商業集積には、自然発生的に形成された商店街と、開発業者（ディベロッパー）により計画的に開発されたショッピングセンターがある
- ☑ 商店街は特に中心市街地で衰退傾向にあり、「中心市街地活性化法」により活性化に取り組んでいる

1 商店街振興施策の変遷

　自然発生的に形成された商店街は全国的に衰退しており、国がさまざまな施策を講じていますが、有効な対策が打てていないのが現状です。

❶ 商店街振興組合法（1962年）

　商店街に立地する小売業を振興組合として法人化することを支援し、共同事業や環境整備事業に対して資金を助成する法律がつくられました。

❷ 中小小売商業振興法（1973年、91年項目追加）

　商店街整備計画、店舗共同化計画、連鎖化事業計画の3つを柱とした高度化事業計画を推進、91年にはまちづくり会社による商店街整備支援計画、店舗以外のコミュニティ施設の整備のための共同店舗等整備計画などが追加されました。

❸ 中心市街地活性化法（1998年）

　中心市街地の活性化のために人材育成・確保の支援、大型空き店舗の活用支援などの取り組みを支援する法律がつくられました。

　さらに、2006年には、「改正中心市街地活性化法」「大規模小売店舗立地法」「改正都市計画法」が新しい「まちづくり三法」として成立し改正されました。改正中心市街地活性化法では「中心市街地活性化協議会」が設置されることになりました。

商店街の役割と課題

役割	消費者の購買と生活の場の創出の他、次のような都市機能の一部を担っている ・安全性（街路灯やアーケードの設置） ・文化性（商店街を中心とした祭りなど） ・コミュニティ（地域参加型のイベント、フリーマーケットの開催など）
課題	・ワンストップショッピング機能の欠如（必要なものが1店舗で揃わない） ・買い物環境の未整備（駐車場の整備等） ・権利義務の多様性（地権者が多く、再開発に向けた合意形成が難しい）

2 商圏規模による商店街の種類

　商圏規模による商店街の種類には近隣型、地域型、広域型、超広域型の4つがあります。商店街の種類と主な対象商品については、しっかり整理して覚えましょう。

❶ 近隣型**商店街**…最寄品（49ページを参照）を中心に、約1万人の集客力をもちます。

❷ 地域型**商店街**…買回品を扱う店舗に最寄品を扱う店舗が混在する業種構成で、大都市や中小都市の周辺部に10万人までの商圏を有します。

❸ 広域型**商店街**…買回品を中心に、県庁所在地程度の都市の中心部で20万人までの商圏をもちます。

❹ 超広域型**商店街**…政令指定都市の都市部に立地し、買回品を中心に専門品を多数取り扱い、複合的に展開している。100万人ほどの広い商圏をもっています。

3 商店街の課題と方向

　商店街は全国的に低迷しており、後継者がいない、魅力ある店舗が少ない、商店街活動への参加意識が薄い、店舗の老朽化という問題を抱えています。現実的には大型店との共存共栄の方向性の検討、地域各種団体との連携強化などが必要です。

 加点のポイント 商店街について覚えること

まちづくり三法と商店街の種類はしっかり覚えておきましょう。

ショッピングセンターの種類と特徴

頻出度 A

✿重要ポイント

☑ ショッピングセンターは規制緩和で出店が増加し、2018年時点で3,200以上の店舗がある

1 ショッピングセンターの変遷

　ショッピングセンターとは、ディベロッパー（開発業者）によって計画的に造成された商業集積です。広い敷地と多くの駐車スペースをもち、集客の中心となる核店舗（大型小売店）と専門店（テナント）を集合させることによって、巨大な集客力のある商業空間を構成します。

　もともとはヨーロッパで生まれ、アメリカで成熟して日本にも影響を与えてきました。日本では、特に1992年の大型店出店規制緩和後に出店が加速し、2018年時点で3,200以上の店舗があります。

2 ショッピングセンターの種類

　ショッピングセンターの定義は、「ひとつの単位として計画、開発、所有、管理運営される商業・サービス施設の集合体で、駐車場を備えるもの」（社団法人日本ショッピングセンター協会の定義）です。ディベロッパーによって計画的につくられ、核店舗（キーテナント）となる大型小売店と、複数のテナントとなる専門店の集合体です。規模の小さい順にショッピングセンターを整理すると次のようになります。

❶ 近隣型（ネイバーフッド）ショッピングセンター（NSC）…最寄品中心の品ぞろえで、スーパーマーケットやドラッグストアを核店舗とする比較的小規模の商業集積です。

❷ 地域型（コミュニティ）ショッピングセンター（CSC）…最寄品から買回品までそろえる総合品ぞろえスーパーや、小規模百貨店が核店舗で、テナントは20〜30、商圏範囲は2〜6kmです。

❸ **広域型**(リージョナル)**ショッピングセンター(RSC)**…品ぞろえは買回品全般に対応、流行品、高級品もあり、総合品ぞろえスーパーと百貨店を核店舗とし、テナントは50以上、商圏人口は18万人以上です。

❹ **超広域型**(スーパーリージョナル)**ショッピングセンター(SRSC)**…品ぞろえは買回品や専門品中心で、大型の核店舗やアミューズメント施設、コミュニティ施設などがあります。

ショッピングセンターの種類	テナント構成
NSC	日用品、食品を中心とした近隣ニーズ対応のテナントが中心
CSC	核店舗に加え、買回品、ファーストフードなど
RSC	核店舗に加え、大型専門店、フードコート、アミューズメント施設など
SRSC	RSCの構成で核店舗やテナント数がさらに増加した形態

3 さまざまなショッピングセンターとその特徴

日本固有のSCとして①駅ビル型SC(ルミネなど)、②地下街型SC(大都市ターミナル駅地下)、③ファッションビル型SC(ラフォーレ原宿、PARCO、渋谷109など)があります。

この他にも、ショッピングセンターにはアウトレットモールとエンターテインメントセンターと呼ばれる特別なタイプがあります。

❶ **アウトレットモール**…メーカーや小売店の在庫品(サンプル品や型落ち品など)を割安で販売するアウトレットストアが集積したもの

❷ **エンターテインメントセンター**…趣味性の高い専門店群やアミューズメント施設などで構成されたショッピングセンター

4 ショッピングセンターの課題と方向

ショッピングセンターでは、物販主体の同質化競争からの脱却、ごみ問題など環境への配慮、高齢者にやさしい設備などが課題となっています。

 加点のポイント ショッピングセンターの種類と特徴

ショッピングセンターの計画開発、種類についてはよく押さえておきましょう。

理解度チェック
一問一答

Q1 小売業の販売形態は大きく店舗販売と無店舗販売に分かれる。

☑ ☑

Q2 自動販売機による販売は、無店舗販売には含まれない。

☑ ☑

Q3 インターネットによる販売は無店舗販売のうち通信販売による販売形態である。

☑ ☑

Q4 経済産業省の統計調査の分類では、コンビニエンスストアの定義は、営業時間20時間以上、売場面積30 m^2 以上250 m^2 未満、飲食料品を扱う業態とされている。

☑ ☑

Q5 自分で家の修理・改築をするDIYニーズに応えることが、ホームセンターが当初設定していた店舗コンセプトである。

☑ ☑

Q6 小売業は、メーカーや卸売業の販売代理と消費者の購入代理を行っている。

☑ ☑

Q7 業態店とは、取り扱う商品が単一の品種に限定されている店のことをいう。

☑ ☑

Q8 POSシステムとは、Point Of Securitiesの略で、店舗における防犯ポイントを見守るシステムのことである。

☑ ☑

Q9 フランチャイザーとは、資本関係のない他の事業者がもっている店舗運営ノウハウやブランド、物流などのフランチャイズパッケージを契約によって提供を受ける側のことで、加盟店などと呼ばれる。

☑ ☑

Q10 フランチャイジーは、契約によりすでに成功した店のブランドや企業システムを利用することができるため、経験が少なくても独立起業しやすいというメリットがある。

☑ ☑

A1　○　無店舗販売には通信販売や訪問販売などがある。

A2　×　自動販売機による販売も無店舗販売の一種である。

A3　○　インターネットによる販売は無店舗販売のうち通信販売による販売形態である。その他の無店舗販売にはテレビショッピングなどがある。

A4　×　経済産業省によればコンビニエンスストアの定義は、営業時間14時間以上、売場面積30 m^{2}以上250 m^{2}未満、飲食料品を扱う業態とされている。

A5　○　自分で家の修理・改築をするDIYニーズに応えることが、ホームセンターが当初設定していた店舗コンセプトで、その後にガーデニングやペット用品など顧客ニーズに応じて扱い商品を拡大している。

A6　○　設問文のとおりである。最近では、POSデータの提供を通じて消費者のニーズをメーカーに伝える役割も担ってきている。

A7　×　設問文は業種店の内容である。業態店とは①誰の、②どのようなニーズに対して、③何を、④どのように組み合わせて、⑤どのような方法や仕組みで売るのかということを明確にした店のことをいう。

A8　×　POSシステムとは、Point Of Salesの略で、販売時点の情報を記録する情報システムのことである。具体的には、POSシステムの導入されたレジで販売商品のバーコードをバーコードリーダーで読み取ると、その情報とレジの内部に登録された価格情報がマッチングされ、料金決済が行われるとともに、販売時点での顧客情報が登録される。

A9　×　フランチャイザーとは、店舗運営のノウハウ、ブランド、店舗システム、物流、顧客対応マニュアル、受発注システムなどを契約によって貸出し、ロイヤルティを受取る側のことをいう。契約してフランチャイズパッケージを借りる側をフランチャイジーという。

A10　○　設問文のとおり、フランチャイジーには経験が少なくても独立起業しやすいというメリットがある。

Q11 ボランタリーチェーンの加盟店は、それぞれ資本的に独立した企業である。
☑☑

Q12 チェーンストアを資本形態で分類すると、スーパーマーケット（SM）チェーン、コンビニエンスストア（CVS）チェーン、ドラッグストア（DgS）チェーンなどに分けられる。
☑☑

Q13 まちづくり三法とは、改正中心市街地活性化法、大規模小売店舗立地法、改正都市計画法の総称である。
☑☑

Q14 ネットスーパーには、大きく分けて店舗型と訪問型がある。
☑☑

Q15 SPAとは、アパレル分野で販売に特化した小売業態のことをいう。
☑☑

Q16 オムニチャネルを活用することで、顧客は、リアルショップでもネットショップでも同じような利便性で、商品の受取り、支払い、返品などができるようになる。
☑☑

Q17 近隣型商店街では、専門品を中心に販売が行われている。
☑☑

Q18 ドラッグストアのコンセプトであるH＆BCとはヘルス＆ビッグサイズケアのことで、健康と肥満対策に役立つ商品を中心としている。
☑☑

Q19 O2Oとは、Online to Offlineの略で、リアルショップとSNSやオンラインクーポンなどのインターネットを連携させて顧客の購買活動を促進させるためのマーケティング活動である。
☑☑

Q20 百貨店の販売形態は買い取りが基本であり委託販売は行っていない。
☑☑

A11	○	ボランタリーチェーンの加盟店は、それぞれ資本的に独立した企業である。大規模店に対抗するために、個別の店が集合体となって、大量発注による仕入価格低減を図るのがボランタリーチェーンの主たる目的である。

A12	✕	チェーンストアを資本形態で分類すると、単一資本のコーポレート（レギュラー）チェーン、共同資本のボランタリーチェーン、契約による独立資本のフランチャイズチェーン、消費者の共同出資による生協チェーン（COOP）などに分けられる。

A13	○	まちづくり三法とは、改正中心市街地活性化法、大規模小売店舗立地法、改正都市計画法の総称である。

A14	✕	ネットスーパーには、大きく分けて店舗型と倉庫型がある。

A15	✕	SPAとは、アパレル分野で企画・製造から販売までを包括的に行う小売業態のことをいう。

A16	○	このようなユーザーフレンドリーな取組を徹底することで、顧客のリピーター化とファン化をはかり、顧客の囲い込みを行うことがオムニチャネルの目的の一つである。

A17	✕	近隣型商店街では、日々の消耗品や食品を中心とする最寄品を中心に販売が行われている。

A18	✕	ドラッグストアのコンセプトであるH＆BCとはヘルス＆ビューティケアのことで、健康と美容に役立つ商品を中心としている。

A19	○	O2Oには、クーポンの使用率などで施策の効果を簡単に測定できる、オムニチャネルに比べて即効性が高いなどの特徴がある。

A20	✕	百貨店の販売形態は委託販売が中心であり、一部買い取り仕入を行うようになってきたのは最近である。

流通経路

店長
今度うちの衣料品でも、SPAを始めることになりました。

自社で商品企画から製造・販売まで手掛けることで、低価格を実現できるんですよね。

新人

店長
よく勉強しているね！じゃあ、どうして低価格を実現できるのか説明できる？

ええと、それは…。

新人

Section17で紹介した製販一体体制（SPA）が低価格を実現できる理由。それは、流通経路にあります。SPA以外にも、販売士3級試験で学ぶ様々な事柄を深く知るうえで流通経路の理解は欠かせません。ここでは流通経路について一歩踏み込んで見てみましょう。

■ 流通経路は商品によって大きく異なる

　流通経路は商品の価格や仕入れ方法などにも大きく影響します。例えば、生産者から小売業までの間の中間業者が多いと、中間業者もそれぞれ利益をとるため、仕入れコストが増加する傾向にあります。また、商品企画や生産が完了してから小売業に届くまでのスピードも遅くなります。
こうしたことを知っておくことで、試験だけでなく日常業務にも役立てることができます。それでは商品の種類ごとに流通経路をみていきましょう。

■ 生鮮食品の流通経路

　卸売市場を通じた流通経路が大部分を占めますが、生産者から直接仕入れ

を行う小売業や、生産者と消費者を直接結び付けるオンラインサービスなども増加しつつあります。

　従来は「●●県産」などとして流通していた生鮮食品ですが、このような動きを取り入れることで、生産者のこだわりなどが伝えられるようになり、高付加価値化を図る動きも活発になってきています。

小売業の側からは、取引を行う卸売業者を絞って物流コストを減少させるなど、流通経路に工夫をしている企業も少なくありません。

卸売市場の仕組み

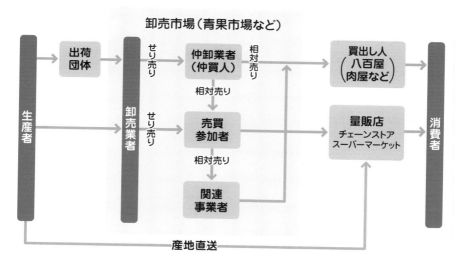

※出荷団体とは、農業協同組合などのことです
※相対（あいたい）売りとは、せり売りとは異なり、売手と買手が話し合いを行って販売を行います

■ 加工食品の流通経路

　生鮮食品とは異なり、生産者と小売業の間に加工業者が入ります。なお、生産者（第1次産業）が加工（2次産業）・販売（3次産業）まで行うことを、第6次産業化（1×2×3の意味）といいます。生鮮食品のまま販売するよりも付加価値がつけられますが、その一方で、加工や販売等の設備投資が必要になるなどのリスクも発生します。

加工食品の流通経路

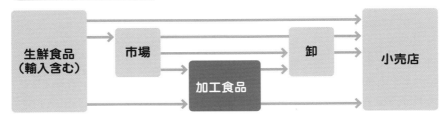

■ 衣料品の流通経路

私たちが普段目にする衣料品は様々な企業が関わりでき上がっています。SPAでは自社で製品企画から製造・販売までを行うため、流通経路が簡素化され、①中間コストの削減、②企画から販売までのスピードが速いため流行に合わせた商品をいち早く販売しやすい、といったメリットがあることがこの図からも見えてきます。

衣料品の流通経路

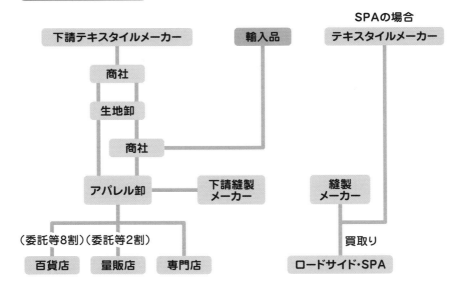

■ 医薬品の種別と販売店

医薬品には医療用医薬品、一般医薬品（第1類〜第3類）などの分類があり、販売店や販売に必要な資格が異なることに注意しましょう。

医薬品関連の種別にみる販売店

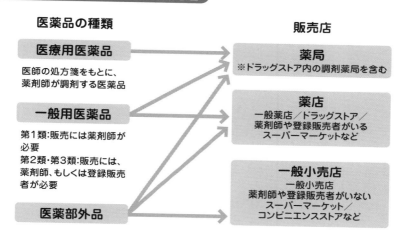

医薬品の種類

販売店

医療用医薬品

医師の処方箋をもとに、薬剤師が調剤する医薬品

一般用医薬品

第1類：販売には薬剤師が必要
第2類・第3類：販売には、薬剤師、もしくは登録販売者が必要

医薬部外品

薬局
※ドラッグストア内の調剤薬局を含む

薬店
一般薬店／ドラッグストア／薬剤師や登録販売者がいるスーパーマーケットなど

一般小売店
一般小売店
薬剤師や登録販売者がいないスーパーマーケット／コンビニエンスストアなど

まとめ

ここで紹介していない製品の流通経路についても積極的に興味を持って学んでおくと、時事問題にも強くなり、実務にも役立ちます。

MEMO

マーチャンダイジング

この科目では、商品の基本知識、マーチャンダイジングの基本など、基礎となる内容を学んだ上で、商品計画や仕入計画、在庫管理、販売管理、価格設定など具体的なことがらを学びます。また、最終的な企業の目標である利益追求についても学びます。

商品とは

⚙ 重要ポイント

☑ 商品は市場の売買を通じて、生産者や販売者に収益を、購入者には便益または効用を与える

☑ 商品コンセプトとは、消費者のニーズに対してどんな効用が得られるのかを明確にアピールするための意味づけ（主張）である

---

1 商品の種類

　商品は、「物財」だけでなく、「サービス」やインターネットなどの「システム」、天気予報などの「情報」、写真・本の著作権などの「権利」、特許実用新案などの「技術」も含まれます。商品の原点は、消費者（顧客）に満足を与えることであり、その対価として、生産者や販売者は利益を得ます。

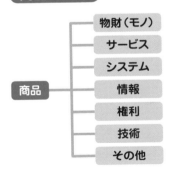

商品の種類

商品 ─ 物財（モノ）／サービス／システム／情報／権利／技術／その他

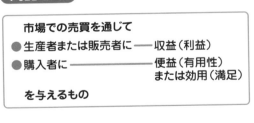

商品とは

市場での売買を通じて
- 生産者または販売者に ── 収益（利益）
- 購入者に ── 便益（有用性）または効用（満足）

を与えるもの

出典：『販売士検定試験3級ハンドブック』（2019年改訂版）

2 商品の品質3要素

商品の品質は一次品質、二次品質、三次品質の3重構造で形成されています。品物があふれている現代では、二次、三次品質で商品が選ばれることが増えています。

❶ 一次品質…消費者がその商品に求める基本的な機能のこと。自動車なら「安全に走れる」こと

❷ 二次品質…消費者がその商品に求める自分の生活、好みへのフィット感。自動車なら「車種」「デザイン」「快適さ」など

❸ 三次品質…消費者がその商品に求める社会的な評判。自動車であれば、「最新式の」「有名人も乗っている」「誰もが知っている高級ブランド」など

第2章 マーチャンダイジング

三次品質
社会的評判・ブランド価値

好きな芸能人が乗っていたこのブランドなら自慢できる

二次品質
自分の生活・好みのフィット感

高級感のあるカラーがいい 内装が好き

一次品質
基本機能

安全に走れる 燃費がよい

3 商品コンセプトの重要性

　消費者は、自らのニーズに対応する商品を探索し、自らにふさわしいフィット感をもつ商品を選択しようとします。このため、商品を生産、流通、販売する側は、この消費者のニーズを明確にとらえて、どのような満足を与える商品なのかをはっきりと訴求していかなくてはなりません。ネーミングやプロモーション手段も含め、この商品コンセプトの明確化があってこそ順調な売れ行きが見込めるのです。

4 商品コンセプトの設定

　商品コンセプトの設定とは、その商品がどのようなニーズに対応し、どのような効用をもたらすのかを明確に決め、「意味」をもたせることです。例えばダイエット食品を買うという行為は、第一義として「プロポーションの美しさ」を提供するという効用に期待した行動です。ですからダイエットに成功した美しい女性のイメージを使用前・使用後というわかりやすい比較事例で商品のプロモーションをすると効果があります。ダイエット食品の成分が健康に害を及ぼさないことも重要ですが、それはあたりまえのことであるため訴求しても売上にはつながりにくいといえるでしょう。

5 商品コンセプトの具体例

　商品のコンセプトは、具体的な商品事例をもとに理解しましょう。

- ●「BOSS」(缶コーヒー)
  「働く男性」の理想という意味を込めている。コンセプトは「働く男の相棒」のイメージで男性にターゲットを絞った商品
- ●「のどぬ〜るスプレー」(直接吹き付けるタイプののど薬)
  のどの調子が悪いときに、「直接のどに薬を塗りたい」という消費者ニーズに対応した機能をもち、わかりやすくアピールした商品

加点のポイント　商品の品質3要素

商品の一次、二次、三次品質の違いについては、よく出題されますので内容を理解しておきましょう。

Section 2

商品の分類

頻出度 **C**
★★★

✿重要ポイント

☑ **コープランド**は、消費者の購買慣習によって商品を「最寄品」「買回品」「専門品」の3つに分類した

1 制度分類

　国や国際的な標準で統一的に決められた「制度分類」には、商品分類や産業分類など代表的なものとして以下の分類があります。

❶ 日本標準商品**分類**…日本で生産される商品を統計的に把握するときに使用する分類

❷ 日本標準産業**分類**…「卸売業・小売業」などの産業を分類する。産業レベルの経済統計などで使用する

❸ 日本標準職業**分類**…「販売従業者」など職業を分類する。労働関係の統計調査で使用する

2 慣用分類

　商品に対する問題意識によってつくられてきた「慣用分類」には、マーケティング学者の**コープランド**が消費者購買行動研究から導いた分類として、以下の分類があります。

❶ 最寄品

　経験的に品質や内容を知っており、購買頻度が高く、近隣で労力をかけずに購入する食品や日用品などです。

❷ 買回品

　比較的高価で、自分が気に入った商品が見つかるまでにいくつかの店舗を回って比較検討購買を行うものです。

❸ 専門品

　価格がかなり高い、購買頻度はきわめて低いなど、購入決定までに多くの時間や手間を必要とするものです。

第2章
マーチャンダイジング

慣用分類	購買頻度	購入するまでの時間	価格	商品例
最寄品	高い	短い	安い	食品・日用品
買回品	中	中	中	スーツなどの衣料品
専門品	低い	長い	高い	楽器・ブランド品

　現代の売場構成では、この分類方式よりさらに一歩進んだ「テーマごとの生活シーン」で必要となる商品をまとめてディスプレイするものが中心となってきています。

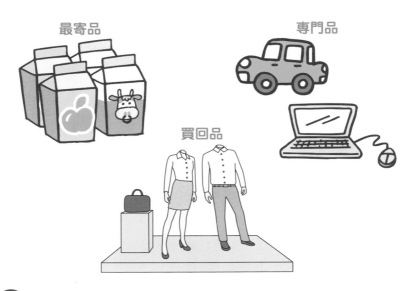

★ 加点のポイント　慣用分類

現代では顧客の価値観も多様化していることから、同じ商品であっても顧客により買回品になるのか専門品になるのかが変わってくる場合があります。そのため、商品の例を覚えるよりも、それぞれの分類の定義を覚える方に重点を置くとよいでしょう。

商品の本体要素

✿重要ポイント

☑ 商品は、「機能」「性能」「デザイン」「色」「ブランドネーム・ブランドマーク」などの集合体であり、全体として消費者に効用を与えている

1 機能と性能

例えば車であれば、「安全に道路を走れる」という基本的な「機能」をもっており、「快適である」「静かである」「燃費がよい」などの「性能」によって、消費者により高い満足を与えています。これらの機能と性能は商品の一次品質にあたります。新しく考案した機能や性能に関しては、「特許」を申請して認可が得られると、独占的、排他的な利用の権利が与えられます。

2 デザイン

車であれば、スポーツカータイプやファミリーカータイプなどのデザインも、消費者の異なる好みに対応した満足を与えています。なお、デザインについては商品の二次品質にあたります。

デザインは差別化の重要な手段なので「意匠登録制度」によって保護されています。意匠登録を受けた商品は、その意匠と類似する意匠を独占的、排他

的に商品に利用する権利を与えられます。また優れたデザインの商品には経済産業省による「グッドデザイン選定制度」によりGマークが与えられ、Gマーク商品として推奨されるという制度があります。

Gマーク

3 ブランドネーム・ブランドマーク

ブランド(商標)は商品の価値や意味を商品に付帯させることで消費者の満足度を高めることに貢献するとともに、メーカーにとっては差別化によって価格競争から逃れる手段でもあります。なお、ブランドについては商品の三次品質にあたります。

ブランドネームはシンプルで覚えやすく、読みやすく、親しみやすいもので、オリジナルなものを考慮して選定されます。ブランドマークは商品群やプロモーション活動のすべてに活用されていくため、デザイン性がきわめて重要です。

ブランドを顧客に認識させる活動全般をブランディングと呼び、例えばロレックスというブランド名を聞いて高級・高価というイメージを一般的に持つのは長年のブランディングの成果です。

👑 **加点のポイント** **商品の本体要素と品質の3要素**

一次品質にあたるのは「機能や一部の性能」、二次品質にあたるのは「一部の性能や色、デザイン」、三次品質には「ブランド」が含まれます。

マーチャンダイジングの基本

頻出度 **A**

🌸 重要ポイント

☑ マーチャンダイジングとは、商品の品ぞろえと販売業務に関する循環的な活動のことである

販売業務

商品の品ぞろえ

1 マーチャンダイジングの構成要素と全体像

　マーチャンダイジングには、以下の14の構成要素があり、❶〜⓮までの流れをサイクル状に繰り返した活動が行われます。

マーチャンダイジング構成要素

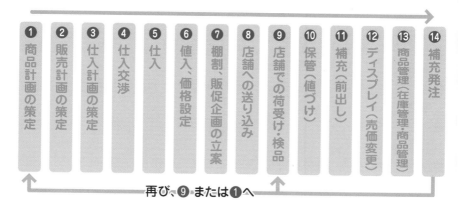

❶ 商品計画の策定
❷ 販売計画の策定
❸ 仕入計画の策定
❹ 仕入交渉
❺ 仕入
❻ 値入、価格設定
❼ 棚割、販促企画の立案
❽ 店舗への送り込み
❾ 店舗での荷受け・検品
❿ 保管（値づけ）
⓫ 補充（前出し）
⓬ ディスプレイ（売価変更）
⓭ 商品管理（在庫管理・商品管理）
⓮ 補充発注

再び、❾または❶へ

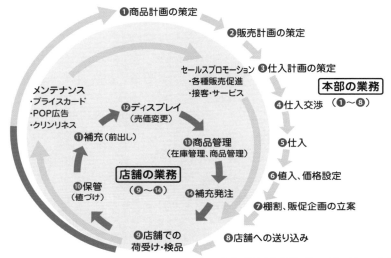

チェーンストアにおけるマーチャンダイジングのサイクル図

❶商品計画の策定
❷販売計画の策定
セールスプロモーション
・各種販売促進
・接客・サービス
❸仕入計画の策定
本部の業務
❹仕入交渉 （❶～❽）
メンテナンス
・プライスカード
・POP広告
・クリンリネス
⓬ディスプレイ
（売価変更）
❺仕入
⓫補充（前出し）
⓭商品管理
（在庫管理、商品管理）
❻値入、価格設定
店舗の業務
（❾～⓮）
⓰保管
（値づけ）
⓮補充発注
❼棚割、販促企画の立案
❾店舗での
荷受け・検品
❽店舗への送り込み

出典：『販売士検定試験3級ハンドブック』（2019年改訂版）

　チェーンストアのマーチャンダイジングのサイクルでは、前述の14の構成要素を本部と店舗で分担して行います。

＜本部の業務＞

　各店舗に必要な商品の選定、仕入れ、配達を行います。また、各店舗の棚割も本部が決定します。

❶ 商品計画の策定…業態および顧客に対応した商品構成の計画化した商品構成表を作成する

❷ 販売計画の策定…どの店舗でいつどんな商品をいくらで販売するかを計画化

❸ 仕入計画の策定…商品計画と販売計画に基づく商品仕入を仕入先ごとに計画化

❹ 仕入交渉…仕入先との条件交渉(商品カテゴリーごとに時期、価格、数量を交渉)

❺ 仕入…本部が各店舗の要望を取りまとめて一括発注

❻ 値入、価格設定…商品カテゴリーごと、単品ごとに利益を見込んだ価格を設定する

❼ 棚割、販促企画の立案…ゴンドラスペース内の商品配分を決定する

❽ 店舗への送り込み…本部が発注した商品を各店舗に送り込む

＜店舗の業務＞

　本部から配送された商品を、本部が作成した棚割に基づいてディスプレイし、欠品による販売機会ロスが起こらないように適切に商品管理や補充発注を行います。

❾ 店舗での荷受け・検品…商品の検収業務。注文内容と届いた商品に違いがないか確認する

❿ 保管（値づけ）…バックヤードに保管して値札をつけ順次店舗へ品出しをする

⓫ 補充（前出し）…定番商品を補充、前出しをする

⓬ ディスプレイ（売価変更）…本部で企画した棚割表に基づいてディスプレイする。計画どおりに販売が進まない場合は臨機応変に価格変更する

⓭ 商品管理（在庫管理・商品管理）…POSデータの活用により効率的かつ効果的な商品管理を行う

⓮ 補充発注…主として定番商品を対象に補充発注を行う

❾の店舗での荷受け・検品に進みサイクル化、および、❶の本部での商品計画に進み、商品計画の修正、改善を行う

　そのほか、売場のメンテナンス（POP広告の掲示と管理、プライスカードの設置と管理、売場や商品のクリンリネスなど）、セールスプロモーション（接客、キャンペーンやイベントなど）も店舗で行われる重要な業務です。

2 経営管理としてのマーチャンダイジング

　経営管理の基本はPlan（計画）⇒ Do（実行）⇒ See（検証・評価と計画の修正）の繰り返しです。これをマーチャンダイジングにあてはめると、Plan（商品計画・仕入計画）⇒ Do（発注・荷受け・陳列・販売）⇒ See（在庫管理・販売管理と検証による計画の修正）となります。

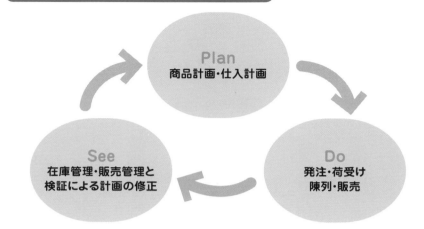

3 チェーンストアのマーチャンダイジング

　チェーンストアのマーチャンダイジングは、本部が基本的にコントロールを行うため、Plan：本部による計画策定 ⇒ Do：各チェーン店舗での計画実行 ⇒ See：本部によるチェーン全体の検証・評価と店舗ごとの検証・評価およびこれを受けた計画の修正となります。

チェーンストアの PDS サイクル

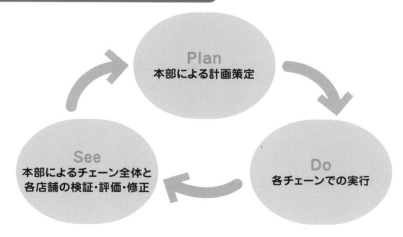

4 マーチャンダイジングにおけるIT活用

　小売業と卸売業者間で、オンラインによる受発注ができるEOS（Electric Ordering System＝電子受発注システム）を中心として、マーチャンダイジングにおけるIT活用はどんどん拡大しています。店舗の携帯端末機で発注情報を入力すると、チェーン本部や共同受発注センターなどのスイッチングセンターを経由して各仕入先に配信されます。このシステムにより、店舗では迅速かつ正確な発注作業が可能となり、チェーン本部では各店舗の仕入情報を一元管理することができます。

　EOS以外にも、販売時点の情報管理によって死に筋商品の情報がつかめるPOSシステム（Point of Sales System ＝販売時点情報管理システム）、異なる企業間での受発注をオンラインで可能にしたEDI（Electronic Data Interchange：電子データ交換）などIT活用による合理化は今日のマーチャンダイジングでは必須となっています。

加点のポイント　**マーチャンダイジングのサイクル図は書いて覚えよう！**

チェーンストアにおけるマーチャンダイジングのサイクル図は、体系的理解のために、一度自分で書いてみるのが効果的です。

コンビニエンスストアの マーチャンダイジングシステム

頻出度
A

✿重要ポイント

☑ コンビニエンスストア・チェーンのマーチャンダイジングシステム は、ITを駆使した非常に効率的な仕組みである

1 コンビニエンスストアのマーチャンダイジングの主な機能

　コンビニエンスストア(CVS)では、利便性の高い商品を絞り込み、多品種少品目少量の品ぞろえで効率を高めるためのさまざまな工夫をしています。

❶ 商品計画

　コンビニは、約100m^{2}の店舗に約3,000点、生活利便性の高い、多品種少品目型(一品種あたり3〜4品目)の、売れ筋商品中心の品ぞろえをしています。売れない商品を置く余裕はないため、常にPOSで死に筋商品をチェックし、購買頻度が高い「売れる商品」への入れ替えを行っています。そのため商品の消費サイクルが短くなります。

❷ 仕入計画

　「多品種少品目少量の品ぞろえ」がコンビニの特徴です。店頭在庫も圧縮されているため、各店舗の発注は「小ロット、多頻度」「鮮度重視」であり、仕入先や物流にも「多頻度小口配送」の要求がなされてきました。しかし、近年ではCO$_2$の排出削減などの環境対応が重要視され、物流コストの上昇によるサプライヤーの経営圧迫なども問題となってきています。大規模チェーンでは、物流コスト上昇の対応として物流センターを設置し、各店舗に納入する商品を一括集約して荷受け、検品し、店別、カテゴリー別に仕分けして配送する仕組みを構築しています。

❸ 補充・発注

　CVSチェーンでは、冷凍品やチルド品などの商品カテゴリーごとに1日の配送回数や発注時間帯が決められた定期発注システムを採用しています。実際の発注にあたっては、携帯端末である電子発注台帳(EOB：Electric Order Book)により、商品情報、天候情報、販促情報などを見ながらオン

ライン発注ができる仕組みが活用されています。

コンビニエンスストアの仕入・発注の特徴

多頻度小口配送の定期発注システム

・店舗面積が小さい
　＝ 在庫が置けるスペースが少ない
・多品種小品目少量の品ぞろえ
　＝ 品切れの危険が大きい

→

・決まった時間帯に、1日に何度も配送を行う
・発注量は店舗在庫や天候などの要因を考慮し、その都度調整

❹ 荷受け・検品

検品は、発注内容と荷受け商品のすり合わせだけでなく不良品のチェック機能も含んでいます。しかし、コンビニ業界では、精度の高い一括統合納品システムが確立されているため、ノー検品での荷受けを行い、納品した商品をすぐに店頭にディスプレイできる仕組みが整備されています。

❺ ディスプレイ・販売

本部で作成した棚割（プラノグラム）に基づいて、ディスプレイを行います。

❻ 価格変更

コンビニは基本的には値引き販売をしない方針でしたが、近年では店舗数増加による競争の激化などにより、消費期限切れ間近の見切り品について値引き販売をするケースが出てきています。

❼ 商品管理（在庫管理・販売管理）

コンビニにおける在庫管理のテーマは、精度の高い発注による品切れロスの回避と、過剰在庫の防止であり、販売管理面では、売れ筋、死に筋商品の的確な管理により、品目構成を絶えず見直すことです。

❽ 物流

コンビニでは物流センターによる統合型物流システムにより、多品種少量多頻度納品が可能になっています。

2 ITシステム体系の概略

売場ではEOBによる発注、スキャナーによる荷受けが行われ、販売時点での情報管理がPOSシステムで行われると、その情報は店舗事務所のスト

アコントローラーで経営管理データとして蓄積されます。このデータは、本部で集約され、チェーン全体の最大効率のために分析、活用されます。

コンビニエンスストアの IT システム体系の概略

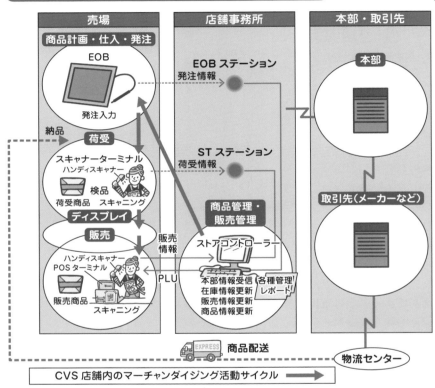

出典：「販売士検定3級ハンドブック」(2019改訂版)

加点のポイント マーチャンダイジングの構成要素

コンビニエンスストアの多品種小品目少量の品ぞろえを実現するためのシステムと、それに伴う店舗作業をしっかりと覚えておきましょう。

商品計画の基本知識

頻出度 **A**

🌸重要ポイント

☑ **商品計画とは、**顧客ニーズ**に応える**品ぞろえ**を計画的に行うことである**

いらっしゃいませ

顧客ターゲットを決める

▼

顧客ニーズにあった商品構成を決める

▼

顧客ニーズにあった品ぞろえにする

▼

店舗の性格が明確となり、買いやすい店**となる**

1 顧客ニーズへの対応

　商品計画の第一歩では、商圏内の誰を顧客と考えるかという差別化（顧客の絞り込み）政策から始まり、絞り込まれたターゲット顧客のニーズに応える品ぞろえを検討します。

2 商品構成の基本と手順

　品ぞろえコンセプトを明確化したら、「比較選択購買」や「関連購買」がしやすくなるような商品構成を考えます。商品構成は、まずカテゴリーとしての大分類（ライン）を考え、次に中分類（クラス）、小分類（サブクラス）を検討し、最後に各小カテゴリーに入る具体的な品目（アイテム）を決定します。クラスとは、例えば、ソックスやシャツという分類であり、アイテムとは、ソックスでも色は黒、サイズは24～26cm、毛100％、価格1,000～1,200円というように、具体的に細かな仕様が決まっているものです。

3 品ぞろえの幅と奥行

　商品カテゴリー構成は、「品ぞろえの幅(width)」と「品ぞろえの奥行(depth)」の2つの軸で表現されます。一般的に総合店では、「広くて浅い品ぞろえ」、専門店では「狭くて深い品ぞろえ」の商品構成が選択されます。品ぞろえの幅と奥行については、店舗の面積が強い制約条件となっており、大規模な売場スペースがあれば「広くて深い品ぞろえ」も可能ですが、限られた売場スペースしかなければ、「狭くて深い品ぞろえ」を選択した方が店の特徴を出しやすくなります。

4 顧客から見たよい品ぞろえとは

　顧客から見た品ぞろえがよい店とは、「欲しいときに欲しいものがそろっている店」ですが、顧客ニーズは人によって違うばかりでなく、時と場合によって異なりますので、すべてのニーズに応えることは不可能です。在庫の問題や価格の問題、発注在庫管理や競争も考慮する必要があるため、まずはターゲット顧客をある程度絞り込むことが重要です。

 加点のポイント 商品計画のプロセスと内容

商品計画は競合店との差別化を行う上でも大変重要です。

販売計画および
仕入計画の基本知識

頻出度
C
★★★

✿重要ポイント

☑ 仕入活動とは、狭い意味では仕入業務と補充・発注業務を指し、広い意味では品ぞろえ計画の立案も含む活動である

1 販売計画と仕入計画

　販売計画は各小売業の企業理念や経営戦略などに基づいて作成されるもので、販売目標とそれを達成するための具体的な方策を活動計画のレベルにまで落とし込んだものです。

　販売計画には、売上目標とその費用を定めた「売上計画」とそれに付帯して作成される「商品展開計画」「売場配置計画」「部門別計画」「販売促進計画」などがあります。

販売計画の位置づけ

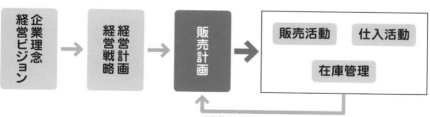

活動計画は次期計画に反映

出典：「販売士検定3級ハンドブック」（2019改訂版）

2 小売業経営における仕入の役割

　仕入活動は、販売活動と連動しており、仕入活動の可否が売上の出来と直結しています。仕入計画を前提とした的確な販売計画をつくることが重要です。

　仕入には資金が必要であるため、仕入予算計画をきちんと立て、販売予測に基づいた仕入を行うことが重要です。しかし販売はいつも計画どおりにいくとは限らないため、販売予測のずれによる欠品など計画どおりに売上が伸

びない場合は臨機応変に仕入活動を変更していく必要があります。

3 仕入に役立つ情報の収集

「何を」「いつ」「どこから」「どれだけ」仕入れるかという意思決定のためには、企業内部、外部の情報が必要です。

❶ 内部情報（社内情報）

内部情報とは企業内部の情報のことで、販売動向、在庫情報の2つが基本です。

❷ 外部情報（社外情報）

外部情報とは、企業の外部から得る情報のことで、業界情報、産地情報、競争店調査や成長店調査、顧客調査による情報、インターネット上の情報です。

仕入に必要な情報

加点のポイント 仕入に必要な情報の覚え方

仕入に必要な情報は、自分が仕入をする立場になって、どういう商品があると売れそうか？というイメージで理解しましょう。

Section 8

仕入先企業の種類と仕入方法

頻出度 B

第2章 マーチャンダイジング

✿ 重要ポイント

☑ 小売業の仕入先企業には、卸売業（問屋）、卸売市場、共同仕入組織、メーカーなどがある

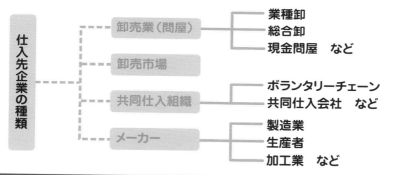

---

1 仕入先企業の種類

　仕入先企業にはさまざまな種類があります。名称と内容を合わせて覚えましょう。

❶ **取扱商品分野による卸売業の分類**

　　・業種卸…薬卸や酒卸のようにひとつの商品分野だけを扱う卸売業

　　・総合卸…食料品、酒類、日用雑貨など、小売店の品ぞろえに関連した多種多様な商品を扱う卸売業

❷ **一次卸、二次卸**

　　・一次卸…製造業（メーカー）と直接取引をする卸売業

　　・二次卸…一次卸と取引をして仕入を行う卸売業で一次卸よりも小規模である

❸ **現金問屋**…小規模な小売店や飲食店を対象として、セルフサービス方式の店舗を構え、現金販売・持ち帰り形式で掛売りをしない卸売業

❹ **共同仕入組織**…それぞれ独立経営の中小小売業が、主に共同仕入を目的として本部組織を結成しているボランタリーチェーンが代表例

❺ 卸売市場…荷受け会社が全国から商品を集め、即日取引の原則に基づいて「せり」や「入札」などによって値段を決める仕入システム

2 仕入先企業の選定

　主力となる仕入先企業には、①商品の安定供給、②契約どおりの確実な履行、③経営上の指導、助言、④的確な市場情報の提供、⑤販促ツールなどさまざまなサービスの提供、などの取引条件が求められます。

3 代表的な仕入方法

　大量仕入と随時仕入のそれぞれのメリット、デメリットを理解しましょう。

❶ 大量仕入…一度に大量に仕入を行う方式。大量発注で交渉力を高め、仕入原価引き下げの要求がしやすい反面、在庫リスクや、販売リスクがあります。

❷ 随時仕入…必要に応じてその都度発注するため、在庫リスクや販売リスクは少なくてすみますが、発注業務コストがかかり、仕入価格引下げの交渉がしにくくなります。

4 セントラルバイング（集中仕入）方式

　スーパーなど、チェーンオペレーションを行う小売業が採用している方式で、本部で一括仕入を行い、各店舗に配送を行います。これに対し、百貨店や専門店では店舗ごとに独自の仕入や販売を行う「支店経営」を行っています。

メリット

①仕入コストの低減化、②大量仕入をベースにした有利な仕入条件、③全社的に統制のとれた販促、在庫管理が可能です。

デメリット

①流行、ファッション商品については、売れ筋予測が難しく、大量仕入では顧客のニーズに合った仕入ができません。②大量仕入の見込み違いは、多大な在庫ロスを生む可能性があります。

👑 **加点のポイント** **仕入方法のメリット・デメリット**

> 大量仕入やセントラルバイングにはデメリットがあることも理解しておきましょう。

棚割とディスプレイの基本知識

✿ 重要ポイント

- ☑ 棚割とディスプレイの基本は「探しやすく」「見やすく」「選びやすく」「手に取りやすい」ことである
- ☑ 棚割は何を積極的に売るかを決める重要なものである

商品計画 商品のライン（大分類から小分類までのカテゴリー分け）とアイテム（品目構成）を決める

↓

棚割 棚割に基づくディスプレイ（陳列）方法を決める

1 棚割とディスプレイの基本と重要性

　販売の現場では、棚割の仕方とディスプレイの出来が、その店舗の売上や利益を大きく左右する影響力をもっているため、棚割とディスプレイは大変重要です。棚割はプラノグラムともいいます。

棚割とディスプレイのメリット

顧客 探しやすく、選びやすい

お店 売上、利益をアップできる

2 棚割の役割

　棚割とは、一定の棚（ゴンドラスペース）の中で、顧客が求めるさまざまな商品を「探しやすく」「見やすく」「選びやすく」「手に取りやすく」するためにどのように陳列するかを計画する業務です。店頭における「スペースマネジメント」の手法でもあります。ディスプレイは、棚割の計画を前提に行われます。競合店で取扱いがなく高利益の育成商品や、売れ筋商品などもディスプレイの工夫で伸ばしやすくなります。

　なお、棚割はその売場を担当する従業員が勝手に変更してはいけません。例えば、商品が欠品したからといって他の商品で埋め合わせをすると、棚割計画を達成できないばかりか、他の従業員が欠品を見落として発注忘れをする原因にもなります。

3 効果的な棚割決定のポイント

　セルフサービスを中心とするチェーン店では、POSシステムから得られた情報をもとに販売効率のよい棚割を科学的に決定し、商品のインストアシェア（売場内の商品ごとの割合）を決めています。売れ筋商品をできるだけ多くディスプレイすればするほど売上向上につながるわけではなく、限られた棚（ゴンドラスペース）の中で最大限の利益を生み出す商品の組合せが大切です。

　商品を供給する側のメーカーでは、このインストアシェアが自社商品の売れ行きと直結するため、棚割提案を含めた営業活動をチェーン店に対して展開しています。

4 メーカーによる棚割アドバイス

　棚割の巧拙は、売上や利益と直結するために非常に重要です。最近では、メーカー側が棚割ソフトを使った営業提案を強化しており、中小店に対するリテールサポート（小売経営支援）の成果が高まってきています。

 加点のポイント **効果的な棚割**

効果的な棚割は、POSシステムなどのデータから売れ筋を確認して決定されます。

発注と物流の基本知識

頻出度
A

✿ 重要ポイント

- ☑ 発注業務は、仕入業務の一部である
- ☑ 発注の時期やタイミングは在庫や販売に大きな影響を及ぼす
- ☑ 生産者から消費者への「距離の隔たり」と「時間の隔たり」を結ぶのが物流の役割である
- ☑ 貯蔵、流通加工、情報処理機能を備えた倉庫を物流センターと呼ぶ

1 効果的な発注のあり方

適正な在庫や、タイミングのよい販売につながる発注のためには、以下の内容に留意すべきです。

❶ 倉庫や陳列棚を整理整頓し、正しい在庫量を常に把握する
❷ 天候や気温などの気象条件に合わせて商品の販売予測を立てる
❸ 地域の催事や新商品情報など新規情報の収集を行う
❹ 売上状況を把握し、売上見込みの精度を高める
❺ メーカーや産地の生産状況と卸売業などの流通在庫、店舗への入荷状況を把握する

2 発注の仕組み

発注には大きく分けて新規商品を選択して契約条件を交渉して決めていく「初期発注」と定番商品の補充を行う「補充発注」があります。

❶ 初期発注

新規の取扱商品や臨時取扱商品に関する発注。仕入量、納期、価格などの交渉を行い、そのつど契約して注文します。

❷ 補充発注

定番商品などの継続的な仕入を行う発注で、あらかじめ決められた「商品コード」と数量を仕入先に連絡して発注が行われます。

補充発注には在庫が一定量を下回った時点で一定量を発注する「定量発注方式」と、毎週月曜日のように決まった日に発注量を決めて発注する「定期発注方式」があります。定番商品の補充発注から入荷までの発注リードタイムを考慮して発注数量を決めます。

3 小売業の物流の基本機能

小売業の物流の基本機能は以下の4つです。
1. 調達物流…メーカー、卸売業者から店舗への仕入物流
2. 販売物流…店舗から顧客への販売物流
3. 社内間移動物流…店舗間や倉庫と店舗間などの社内物流
4. 返品物流…仕入先に返品を行う返品物流

4 小売業の物流体制

多頻度小口(少量)配送が、POSシステムなどの普及により定着しており、必要なものを必要な量だけ、必要な時に配送する「ジャスト・イン・タイム」が主流ですが、物流会社では人件費、車両費などのコスト負担問題や、CO_2排出規制の問題などが発生してきており、今後は対応が必要です。

5 物流センター

倉庫と物流センターの違いは、「貯蔵」に加え「流通加工、情報処理機能」が加わっている点です。流通加工とは、商品を運びやすいように加工することで、情報処理とは、自動倉庫や自動仕訳と情報処理システムを連動させ、ジャスト・イン・タイムに対応する体制をもつことです。

加点のポイント 発注と発送方法の違いを押さえておこう

2つの補充発注方式および多頻度小口配送のメリット・デメリットは押さえておきましょう。

価格の設定要因と価格政策

頻出度
A

✿重要ポイント

☑ いくらで商品を売るかという「販売価格の決定」は、結果的に利益と直結するため、大変重要である

1 さまざまな価格設定の方法

価格設定の方法にはさまざまな方法があります。

❶ コストプラス法…仕入コストに販売諸経費と利益分をプラスして決めるもので、売り手都合の価格設定ともいえる

❷ マーケットプライス法…消費者の立場から、納得性(値頃感)のある売価を決める

❸ ストアコンパリゾン法…競合店との競争によって価格を決める

2 さまざまな価格政策

価格政策の名称と内容をよく整理しましょう。

❶ 正札政策(通常価格)…誰に対しても定価で販売するため、信頼が得やすくなる

❷ 端数価格政策…98円のように、価格の末尾で安いイメージを与える

❸ 段階(階層)価格政策…アッパー、ミドル、ローワーなどレベル別に商品の価格設定をして消費者が選びやすくする

❹ 慣習価格政策…一般に広く浸透し認知されている価格で販売する(ジュースなど)

❺ 名声(プレステージ)価格政策…高価格にすることで高い品質を強調する

❻ 割引価格政策…一定の期間、通常価格より割引の価格で販売することでその期間の集客を増やす

❼ 均一価格政策…100円均一のように、均一価格で販売する

❽ 特別価格政策…目玉商品などかなり低い価格の設定により、来店客を増加させる。ただし、日常的に極端な安売りを行った場合には独占禁止法

の不当廉売にあたる可能性があるため注意する

❾ 見切り**価格政策**…季節外れ、傷ものなどを安く販売して在庫を処分する

価格にはさまざまな問題があります。試験で問われそうな以下の内容は押さえておきましょう。

❶ 再販価格維持行為…商品の転売価格をメーカーや卸売業などが指示するもので、独占禁止法で禁止されているが、書籍、新聞など一部で認められている

❷ 二重価格表示…メーカー希望小売価格と実際の販売価格を二重表示するもので、割引表示としての意味をもつ。ただしメーカーによってカタログ等で公表されていない価格を希望小売価格と称する場合には不当表示になるおそれがある

❸ オープン価格…メーカーが希望小売価格を決めずに小売店側が価格を決める方式で、価格競争の原因となる

❹ 単位価格（ユニットプライス）**表示**…「豚肉100gあたり98円」など、単位当たりの換算価格を表示したもの。どの商品が割安かを消費者が判断しやすくなる

👑 **加点のポイント** 価格政策

高い価格をつけるプレステージ価格戦略がなぜ行われるのかは、具体的なシーンを思い浮かべると理解できます。
例えば、大切な人へのプレゼントを選ぶときに、販売員から「半額セール中なのでお買い得ですよ」と言われた商品よりも、「この商品は人気も品質も高いのでお値段も張ります」と言われた商品の方を贈りたくなる人が多いのではないでしょうか。

売価設定と利益の構造

頻出度
A

> ☙ **重要ポイント**
>
> ☑ **売価（販売価格）**は、**需要**動向、**競争**動向、**商品の新規性**などを勘案しながら決定される
> ☑ **価格政策**には、**戦略**的と**戦術**的の2通りがある

1 戦略としての価格政策

　価格設定による集客の戦略としては、いつも安いシステムをつくる戦略と、ときどき値下げをしてチラシ等で告知を行い客を呼ぶ戦略があります。

❶ **エブリディ・ロープライス（EDLP）戦略**

　トータルコストの低減化により、常に他店より安い価格で販売することで、高い集客力と継続的な収益をねらう戦略です。常に安く売っているので、チラシ広告などにコストをかけなくとも集客する力をもっています。売上世界第1位のウォルマートの戦略として知られています。

❷ **ハイ・ロープライス戦略**

　週単位で商品の売価を上げたり下げたりしてそれをチラシ広告などによって宣伝して集客する戦略で、日本の多くの小売業が採用しています。

2 戦術としての価格政策

　より具体的な価格戦略として、試験で問われそうなものを押さえておきましょう。

❶ **ロスリーダー価格**…集客を目的として、仕入原価を下回るようなきわめて安い価格を設定する政策

❷ **ワンプライス**…「どれでも100円」という均一価格で、安さを強調する政策

❸ **一物多価**…1個よりも2個で買うと安いなど数量によって割引する政策

3 値下げ

やむをえず当初設定した売価を下げることです。主な理由は以下のとおりです。

❶ 商品の汚損、破損
❷ 売出し強化
❸ 競争店への対抗
❹ 消費期限間近や季節終わりの在庫処分

4 商品単位での利益

　商品単位の利益の積み重ねで店舗の利益はできています。基本的な内容を押さえておきましょう。
❶ 売価…値札に表示されている販売価格で、仕入原価に利益を加えた価格。なお、売値に数量をかけたものが売上高である
❷ 原価(仕入原価)…商品を仕入れるときにメーカーや卸売業者に払った金額のこと
❸ 利益…売上から仕入原価を引くと、ざっくりした粗利益が計算される

粗利益の計算

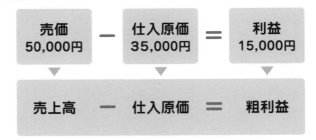

5 店舗全体での利益

　多くの商品の利益の集合体が店舗の利益ですが、正確な利益の把握には、ロス高(値下や食品の廃棄など)を考慮する必要があります。

 **ロスリーダーとは？**

仕入原価を下回る売価を設定した商品のことをロスリーダーといいます。

値入と粗利益の関係

頻出度

B

⚙ 重要ポイント

☑ 仕入原価に「いくらの儲けを乗せているのか」というのが値入高である

☑ 売価とは、仕入原価に値入高を加えたものである

1 値入高と値入率

値入高と値入率は、額で見るか率で見るかという観点の違いです。

❶ 値入高

売価の中に含まれる儲け部分の金額です。値下などをせず売価で販売できれば値入高が利益になります。

$$値入高＝売価ー仕入原価$$

（例）売価100円、仕入原価70円の場合、値入高は30円となります。

❷ 値入率

売価の中にどのくらいの割合で儲けが入っているのかという比率です。

$$値入率（\%）＝\frac{売価ー仕入原価}{売価}×100$$

（例）売価100円、仕入原価70円の場合、値入率は30％となります。

2 粗利益高と粗利益率

粗利益高は純粋な利益額を計算しています。粗利益率は、売上に対する利益の大きさを見ています。

❶ 粗利益高

純売上高＝（売上高ー（ロス高＋値引高））から仕入原価を引いた利益額のこ

とです。値下げやロス高を考慮しているところが値入高と異なります。

$$粗利益高＝売上ー（仕入原価＋ロス高＋値引高）$$

（例）売上100円、仕入原価50円、ロス高10円、値引高10円の場合、
粗利益高は30円になります。

❷ 粗利益率
現実的な売上の中にどのくらいの利益が確保されているかがわかる指標と
なります。

$$粗利益率（\%）＝\frac{粗利益高}{売上高}×100$$

（例）粗利益高40円、売上高100円の場合、粗利益率は40％になります。

値入高と粗利益高の関係

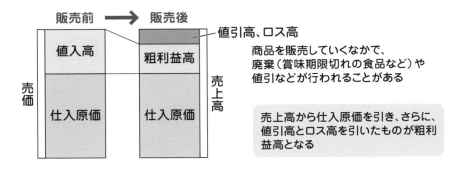

商品を販売していくなかで、
廃棄（賞味期限切れの食品など）や
値引などが行われることがある

売上高から仕入原価を引き、さらに、
値引高とロス高を引いたものが粗利
益高となる

加点のポイント 粗利益率の意味と使い方を理解しておこう

粗利益率は、ビジネスの収益性を判断する最初の指標です。

売価決定計算法

頻出度
C

✿重要ポイント

☑ 個々の商品の仕入原価（原価）を基準にして売価を算出する方法は2つある

☑ 売価値入率を求めるには、売価を100と考える

☑ 原価値入率を求めるには、原価を100と考える

1 売価を求める計算式

　売価をベースにした考え方と原価をベースにした考え方の両方を理解しましょう。

❶ 売価値入率…売価を100と考えたときに、その「売価の中に何パーセント利益を含んでいるか」ということである。

❷ 原価値入率…原価を100と考えたときに、「利益がその原価の上に何パーセント積まれているか」ということである。

売価値入率

| 120円
（利益） |
| 200円
（原価） |

320円（売価）

320円の売価に対して利益が120円なので、売価値入率の考え方では、売値を100としたときに $\frac{120}{320}$＝37.5%の利益が含まれていると考えます。

原価値入率

| 120円
（利益） |
| 200円
（原価） |

原価値入率の考え方では、原価を100とした場合に何%の利益が乗っているかと考えますので、$\frac{120}{200}$＝60%の利益が乗っていると考えます。

例題

次のア〜オを計算しなさい。答えに端数が生じた場合には、金額は１円未満、パーセントは１％未満を四捨五入しなさい。

ア 原価8,000円の商品について、原価値入率20%の場合、売価は何円か。

① 原価1%あたりいくらかを求めます。

$$8,000 \div 100 = 80$$

② 80の20倍が利益額になります。

$$80 \times 20 = 1,600$$

③ 原価に利益を足すと売価になります。

$$8,000 + 1,600 = 9,600 円$$

? ← 原価の20%の利益が乗っている

8,000円　原価

解答　9,600円

イ 売価4,600円の商品について売価値入率30%の場合、原価は何円か。

① 売価1%あたりいくらかを求めます。

$$4,600 \div 100 = 46$$

② 46の30倍が利益額になります。

$$46 \times 30 = 1,380$$

売価
4,600円　原価　← 売価の中に30%の利益が含まれている

③ 売価から利益を引くと原価が出ます。

$$4,600 - 1,380 = 3,220$$

解答　3,220円

ウ 原価3,220円、売価4,800円の商品について、原価が20％値上がりしました。売価をそのままとした場合、売価値入率は何％になるでしょうか？

① 原価が20％値上がりしたので、原価に120％をかけると、値上がり後の原価が求められます。

$$3,220 \times 1.2 = 3,864$$

② 売価から値上がり後の原価を引くと、新しい値入額（利益）が求められます。

$$4,800 - 3,864 = 936$$

利益

利益

売価
4,800円

原価
3,220円

原価
20％
値上がり

③ 新しい値入額が売価の何％になるのかを計算します。

$$936 \div 4,800 = 19.5\%$$

1％未満四捨五入で **20％**

解答　**20％**

エ 原価値入率35％は、売価値入率に換算すると何％になるでしょうか？

① 原価値入率35％ということは、原価100に対して利益分の35％を乗せた金額、つまり原価の135％が売価になっています。売価値入率の100を原価値入率の135で割ると、原価値入率1％を売価値入率に換算した値が求められます。

$$100 \div 135 \fallingdotseq 0.74$$

② これに35をかけると売価での値入率（利益率）になります。

原価値入率35％の状態

利益35％

売価
135％

原価
100％

➡ 売価を100％にしたときの利益（値入）率が知りたい

$$0.74 \times 35 = 25.9\%$$ 1%未満四捨五入で **26%**

解答　**26%**

オ 原価3,000円、売価4,000円の商品について、売価を10%値下げしました。売価値入率は何%になるでしょうか?

① 売価が10%値下げされた(元の売価の90%になった)ので、売価は3,600円です。

$$4,000 \times 0.9 = 3,600$$

② このとき値入額(利益)は600円です。

$$3,600 - 3,000 = 600$$

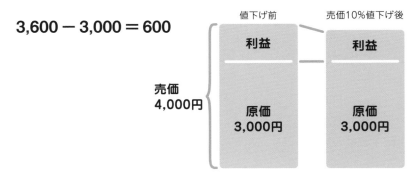

③ 値入額を売価で割ると、売価値入率が出ます。

$$600 \div 3,600 = 16.666\cdots\%$$ 1%未満四捨五入で **17%**

解答　**17%**

 加点のポイント 計算のコツ

1%あたりの価格を求める方法以外に、比率を考えてから計算する考え方もあります。例題**ア**の場合、原価値入率が20%ということは、原価に対する売価の割合は原価+原価値入率の120%になります。つまり、売価=8,000×1.2と計算できます。理解しやすい方法で計算しましょう。

在庫管理の基本知識

頻出度
A

⚙ 重要ポイント

☑ 在庫とは、仕入から売れるまでの商品のことを指し、店舗にディスプレイされている商品も在庫である。

☑ 在庫管理の方法には、金額による管理（ダラーコントロール）と数量による管理（ユニットコントロール）の2つがある

1 在庫管理の必要性

　先に現金を投資して商品を手に入れているため、在庫にはリスクがともないます。在庫リスクを理解して、適正な在庫量、適正な仕入を行うことが安定した経営のためには重要です。

❶ 過剰在庫のリスク

在庫が増えると保管用のコストが増えるだけでなく、現金が在庫の状態で動かなくなるため、キャッシュフローの流れも悪化します。また、在庫商品が劣化するリスクもあります。

❷ 過少在庫のリスク

在庫が少なすぎると品切れ（欠品）が発生し、販売機会のロスにつながります。品切れは、単に1回の販売機会が失われるだけでなく、品ぞろえが悪い店という判断につながってしまうため、客の店に対する信用が低下します。

2 経営計画と在庫機能

　小売業は販売目標を明記した年間の販売計画に基づいて仕入計画書を作成しています。一般に仕入計画書には商品カテゴリーごとに仕入先企業の選定、仕入方法、仕入時期、仕入数量といった仕入方針と、年間、四半期、月別などの実行計画が記載されます。仕入計画の実施にあたっては、金額ベースの仕入予算に基づいて商品を管理し、欠品や過剰在庫による利益圧迫を防ぐようにします。

3 在庫管理の方法

在庫管理には、金額による管理と数量による管理方法があります。

❶ 金額による管理（ダラーコントロール）

在庫に関する会計的な視点からの管理方法で、金額ベースでの在庫量を管理します。ユニットコントロールと組み合わせて使用されます。

❷ 数量による管理（ユニットコントロール）

どのような商品がどれだけ在庫されており、どのくらい入荷して、出荷されているかを数量でコントロールする管理方法。ダラーコントロールと組み合わせて使用されます。

金額ベースの
在庫管理
ダラーコントロール

数量ベースの
在庫管理
ユニットコントロール

**両方を組み合わせると、
より正確な在庫管理が可能**

 加点のポイント **在庫管理の必要性**

在庫は多すぎても少なすぎてもいけません。それぞれのリスクをきちんと把握しておきましょう。

Section 16

データによる在庫管理

頻出度 A

♻重要ポイント

☑ 在庫の金額と数量のデータは、「効率的な仕入」「売れ筋、死に筋商品の把握」「品ぞろえの修正」「年度計画の作成根拠」などに活用されている

1 データによる在庫管理の方法

　商品回転率、商品回転期間、交差比率などを活用して在庫管理を効率化します。

❶ 商品回転率

　売上の中で手持ちの商品在庫高が何回転したかを計算することにより、在庫に投資した資金が売上というかたちで何回取り戻せているかがわかる指標です。

$$商品回転率（回）＝\frac{年間売上高（売価）}{商品在庫高（売価）}$$

この数値が1を超えるということは、少なくとも1回は追加発注したということになる。つまり、商品回転率が大きいほどよく売れているということ

　商品在庫高には3つの計算方式があります。

期末の商品在庫高を商品在庫高とする場合	商品在庫高＝期末商品棚卸高
期首在庫高と期末在庫高の平均を商品在庫高とする場合	$平均商品在庫高＝\dfrac{期首商品棚卸高＋期末商品棚卸高}{2}$
毎月末の商品在庫高をもとに平均在庫高を計算する場合	$平均商品在庫高＝\dfrac{毎月の月末商品棚卸高の合計}{12}$

※期首商品棚卸高：期の始まりの在庫の金額
※期末商品棚卸高：会社の決算月（期の終わり）の在庫の金額

第2章 マーチャンダイジング

❷ 商品回転期間

商品回転期間は、「仕入れた商品が売り切れるまでの日数」と、「1日分の売上高に対して何日分の在庫をもっているのかという視点で在庫量が適切かどうかの判断」の2点がわかる係数です。

$$商品回転期間（日）＝\frac{1年間（365日）}{商品回転率（回）}$$

この数値が大きいと仕入が多すぎたということがわかる

❸ 交差比率

商品回転率に、粗利益率をかけることにより、販売効率に加えて「利益の視点も加えたその商品の販売効率への貢献度合い」を明らかにする係数です。

$$交差比率（\%）＝粗利益率（\%）×商品回転率（回）$$

商品回転率はあくまで売上をみた数値なので、利益を考えるときは、交差比率を使う

交差比率は次のように分解して考えることができます。

$$交差比率（\%）＝\frac{粗利益（売価）}{売上高（売価）}×\frac{年間売上高（売価）}{商品在庫高（売価）}$$

 加点のポイント 商品在庫高の3つの計算方式の違いについて

商品在庫高は商品の売れ行きで変動するため、期末1回のデータで計算するより期首と期末の2回の平均の方が、そしてさらに毎月12回のデータの平均の方が正確な数値がわかります。

決算月 1 2 3 4 5 6 7 8 9 10 11 決算月

↑ 期首商品棚卸高　　　　　　　　　　　　　　↑ 期末商品棚卸高

Section 17

販売管理の基本知識

頻出度 A

第2章 マーチャンダイジング

◆重要ポイント

☑ **販売管理とは、**「販売に関する計画の立案」「販売活動の実行」「販売結果の評価と修正」**を指す**

☑ **販売計画は、小売業の** 経営方針 **や** 予算 **に基づいて、これを達成するための方法を具体化するもの**

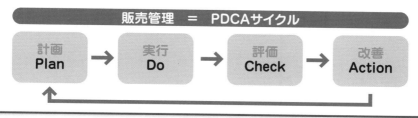

販売管理 ＝ PDCAサイクル

計画 Plan → 実行 Do → 評価 Check → 改善 Action

1 販売管理とは何か

販売管理とは、市場調査、店舗施設管理、商品計画（仕入、在庫管理含む）、販売促進などを内容とする「販売活動」を計画（Plan）し、実行（Do）し、結果の評価（Check）と改善（Action）をすることでよりよい販売計画へとつなげる一連の活動（PDCAサイクル）のことです。

2 販売管理の目標

販売管理ではデータをもとに計画を立て、実行管理をしていきます。

❶ 販売分析

販売計画の前提となる需要と売上を予測するには、過去の社内データと、外部の需要動向データを収集、整理、分析する必要があります。

❷ 販売計画

販売計画は、販売分析を前提として、実現可能なレベルで設定すべきです。適正利益の確保のための適正売上高を目標とし、部門ごとの分担割合を示し、月別の具体的な販売活動内容を固めたうえで、活動実施後に定期的な結果とのすり合わせによるメンテナンスを必要とします。

❸ 販売活動管理

　月ごとの具体的な各販売促進活動に対して目標と結果がずれている場合は
その原因を研究して次の販売活動につなげます。POSシステムデータによ
る単品管理により、精度の高い計画や管理が可能となっています。

３ 販売計画の内容

　販売計画は売上目標から予算をつくりブレイクダウンしていきます。

❶ 「売上計画」で売上目標とそのためにかけられる費用を決める

❷ ❶を達成するために、「商品展開計画」でいつ、何を、どのように売るか
　を決める

❸ 「部門別計画」「売場配置計画」で部門、カテゴリーごとの売上を決める

❹ 「販売促進計画」でイベントや広告活動を決める

❺ 「キャンペーンなどの実施計画」でメーカーやサプライヤーとの合同販促
　プランを立てる。まず1年間の売上計画を立て、これをベースに、月ごと、
　週ごとの計画へブレイクダウンしていくようにする（月ごとの計画からの
　積上方式もある）

４ 販売管理における販売計画の位置づけ

　計画は立てて終わりではなく、そのとおりに実施できるかどうかが重要です。
きちんとデータの裏づけがある計画にすることで、実施がより容易になるため、
まずはきちんとした納得性のある計画を立てるべきです。

 加点のポイント 過去の社内データとは？

過去の社内データには、売上実績を示すPOSデータ、外部の需要動向データには、
景気動向などがある。

POSシステムによる
販売データの活用

頻出度
A

> ✿ **重要ポイント**
>
> ☑ POS（Point of Sales）システムは、単品ごとの販売データの
> 管理ができるため精度の高い販売管理を行うことができる

POSシステム ＝ 販売時点情報管理システム

レジ業務　　　　　　　　コンピュータで管理

POS
ターミナル

販売データ

ストア
コントローラー

バーコードによる自動読み取り機能

1 POSシステムの活用

POSデータは、売場生産性の向上や経営改善に活用されます。

❶ **販売管理への活用**…時間帯別売上管理、商品別売上管理

❷ **品ぞろえ管理への活用**…売れ筋・死に筋商品の管理と季節商品、新商品
の導入管理

❸ **販売促進への活用**…売価の決定、販売促進の結果評価、チェックアウトクー
ポンの発行

❹ **発注・納品管理への活用**…単品管理、販売数量予測

2 POSシステムの仕組み

POSシステムは、「POSターミナル（端末）またはPOSレジスター」と「ス
トアコントローラー」によって構成されています。入力部分であるPOSター
ミナルは、バーコードを読み取ることでレジ業務を行うとともに販売情報を
蓄積し、このデータをバックルームにあるストアコントローラーへ送ってい
ます。ストアコントローラーでは、データを活用したさまざまな販売分析が
可能です。

　日本では「JANコード」によって単品商品が識別されています。JANコードには、標準タイプ13桁と、短縮タイプ8桁があります。標準タイプ13桁では、最初の9桁がメーカーコードで、うち頭の2桁は国コードです。次の3桁は商品アイテムコードで、最後の1桁はチェックデジットです。短縮8桁では、最初の6桁がメーカーコードで、うち頭の2桁は国コードです。次の1桁が商品コードで最後の1桁がチェックデジットです。

　出荷業者がバーコードを作成し、つける場合を「ソースマーキング」といい、小売店が自店でつける場合を「インストアマーキング」といいます。インストアマーキングではバーコードの体系がソースマーキングと異なるので注意が必要です。なお、箱に入っている商品はダンボールに「ITFコード」をつけて識別します。

　JANコードをスキャナーで読み取り、商品マスターファイル（データベース）の売価を検索し、POS端末で表示する仕組みをPLU方式といいます。また、特定の商品が購入されると、次回その人が購入したときに割引されるクーポンがレジから印字される仕組みをチェックアウトクーポンといいます。

JAN コードの体系

① 9桁メーカーコード

標準タイプ（13桁）

国コード（日本は45）

M_1　M_2　M_3　M_4　M_5　M_6　M_7　M_8　M_9　I_1　I_2　I_3　C / D

JANメーカーコード（9桁）　　　　　商品アイテムコード（3桁）　　チェックデジット（1桁）

② 7桁メーカーコード

国コード（日本は45または49）

M_1　M_2　M_3　M_4　M_5　M_6　M_7　I_1　I_2　I_3　I_4　I_5　C / D

JANメーカーコード（7桁）　　　商品アイテムコード（5桁）　　チェックデジット（1桁）

短縮タイプ（8桁）

国コード（日本は45または49）

M₁ M₂ M₃ M₄ M₅ M₆ I₁ C／D

JANメーカーコード（6桁）　商品アイテムコード（1桁）

チェックデジット（1桁）

4 POSシステムのメリット

　POSシステムには、ハード面とソフト面のメリットがあります。
ハード面でのメリット
　待ち時間短縮による顧客サービスの向上、人的作業の合理化ができること
ソフト面でのメリット
　死に筋商品の把握、品切れ回避、過剰在庫回避、販売促進活動の結果評価、品ぞろえの向上など

POSシステムのソフト面でのメリット

死に筋商品の排除

品切れ回避

過剰在庫回避

販売促進活動の結果評価

品ぞろえの向上

 加点のポイント POSシステムのメリットとデメリットを理解しておこう

POSシステムはメリットとデメリット、システムの仕組みもよく理解しておきましょう。

理解度チェック
○✕ 一問一答

Q1 商品の機能を一次品質、ブランドなどの社会的評判を二次品質、デザインなど好みへのフィット感を三次品質という。
☑ ☑

Q2 商品計画とは、顧客ターゲットのニーズに応える品ぞろえを計画的に実行することである。
☑ ☑

Q3 多頻度小口配送により、小売業は店頭在庫を少なく抑えることができる。
☑ ☑

Q4 商品回転率は、商品在庫高（売価）÷年間売上高（売価）で求めることができる。
☑ ☑

Q5 販売計画の構成は、店舗の規模や業態によって異なるが、一般的には商品展開計画を軸にして売上計画や売場配置計画、販売促進計画などが策定される。
☑ ☑

Q6 ロスリーダー・プライスとは、集客を目的として、例えばナショナルブランドの生活必需品を値引きすることをいい、値引きされた商品をロスリーダー商品という。
☑ ☑

Q7 コンビニエンスストアは、売場が広いため、多くの在庫を持つことが可能である。
☑ ☑

Q8 エブリディロープライス政策とは、毎日、格安の目玉商品をつくり、チラシ広告を打って集客する戦略のことである。
☑ ☑

Q9 販売管理は内部の実績販売データや外部から得た最新の需要動向、競合他社の状況などを総合的に勘案して計画し、実行し、結果と予算計画の差異を継続的に修正していく必要がある。
☑ ☑

Q10 返品物流は、小売業の物流には含まれない。
☑ ☑

A1 ✕ 商品の機能を一次品質、デザインなど好みへのフィット感を二次品質、ブランドなどの社会的評判を三次品質という。

A2 ○ 設問文のとおりである。なお、チェーンストアでは商品計画は店舗ではなく本部が行う。

A3 ○ 多頻度小口配送により、小売業は店頭在庫を少なく抑えることができる。その代わり、発注コストが増えるというデメリットもある。

A4 ✕ 商品回転率は、年間売上高(売価)÷商品在庫高(売価)で求めることができる。

A5 ✕ 販売計画は、売上計画を軸にして、商品展開計画や売場配置計画、販売促進計画などが策定される。

A6 ○ ロスリーダー・プライスとは、競合店対策などのため、一定期間に限り目玉商品にきわめて安い価格をつけて集客をはかる戦術的な売価設定の方法のことである。

A7 ✕ コンビニエンスストアは売場が狭いため、多くの在庫を持つことができず、POSシステム等の販売データを分析して売れ筋商品に絞った品ぞろえをする必要がある。

A8 ✕ エブリディロープライス政策とは、大量仕入れ、効率的な店舗システムなどを前提に、安くても利益がとれる仕組みを作り出し、常に安いのでチラシを打たなくても客が継続して来店する仕組みをつくり上げることである。

A9 ○ 適切な販売計画を立てるためには社内外問わず必要なデータの販売分析を行う。また、PDCAサイクルを実行して、継続的に改善をはかることが重要である。

A10 ✕ 返品物流も小売業の物流に含まれる。

Q11 ☑ ☑ リボルビング払いとは、利用金額に応じて毎月の支払い金額が変化するクレジットカードの決済方法のことである。

Q12 ☑ ☑ レギュラーチェーンでは、通常、本部が棚割を計画する。

Q13 ☑ ☑ 在庫管理はダラーコントロールとユニットコントロールで行われる。

Q14 ☑ ☑ 倉庫にある販売予備商品は在庫であるが、店舗に陳列した商品は在庫ではない。

Q15 ☑ ☑ 商品の売価から粗利益を引くと仕入原価を求めることができる。

Q16 ☑ ☑ ハンディスキャナーで商品バーコードを読み込むとレジに登録された対応する価格が読み込まれる。

Q17 ☑ ☑ 発注サイクルが長すぎる、または、発注リードタイムが短すぎると欠品が生じる可能性が高くなる。

Q18 ☑ ☑ 随時仕入は、大量仕入れに比べて在庫リスクや販売リスクが少ない。

Q19 ☑ ☑ 商品計画において、商品カテゴリー構成は「品ぞろえの奥行(Depth)」、品目構成は「品ぞろえの幅(Width)」と表現される。

Q20 ☑ ☑ 粗利益率とは、売上原価を売上高で割った比率のことである。

A11	×	リボルビング払いとは、利用金額が変化しても、毎月の支払い金額が一定というクレジットカードの決済方法のことである。
A12	○	設問文のとおりである。なお、棚割とは、棚の何段目のどの位置にいくつ特定の商品を配置するかを過去の販売実績データ等をもとに決定することである。棚割をコンピュータで行うものをプラノグラムという。
A13	○	ダラーコントロールは金額による管理方法で、ユニットコントロールは個数による管理方法である。
A14	×	店舗に陳列した商品も在庫である。
A15	○	商品売価－仕入原価＝粗利益なので、仕入原価＝商品売価－粗利益となる。
A16	○	商品バーコードを読み込むとレジに登録された対応する価格が読み込まれるシステムのことをPLU（プライスルックアップ）方式という。
A17	×	発注サイクルや発注リードタイムが長すぎると欠品が生じやすくなる。なお、発注リードタイムとは、発注から荷受までの時間のことである。
A18	○	随時仕入は、必要なときに少量ずつ仕入れる方式なので、大量仕入れに比べて在庫リスクや販売リスクが少ない。その反面、品切れによる販売機会喪失リスクや、発注事務コストが増加するというリスクがある。
A19	×	商品カテゴリー構成は「品ぞろえの幅（Width）」、品目構成は「品ぞろえの奥行（Depth）」である。専門店では、品ぞろえの幅を狭める専門化を行っている。
A20	×	粗利益率とは、粗利益額を売上高で割った比率のことである。

商品ロス

あれ、値入高と粗利益のズレが大きい。商品ロスが増えているのか。困ったな…。

新人

店長

ちょっと待って。利益改善のヒントが見つかるかもしれない。値引販売の比率や廃棄商品の数量について調べて報告して！

商品ロスの中の「値下げロス」「商品廃棄ロス」は、原因と対策が比較的はっきりしており、改善によって利益増加が見込めます。

■ 商品ロスの原因と対策

商品ロスとは、帳簿にある在庫が実際はない状態を指し、帳簿在庫（金額）と実地在庫（金額）の差額で示されます。商品ロスの種類と発生原因は以下のようなものです。

商品ロスの種類	主な原因	主な方法対策
値下げロス	仕入時点でつけた売価を、値引きなどで引き下げることによって発生する帳簿と実地在庫の差額	・値引き販売や廃棄を減らせるように販売予測の精度を高め、発注数を見直す ・発注タイミングを見直す ・値引きのタイミングを遅らせる
商品廃棄ロス	食品など在庫が期限切れになって廃棄した場合に起きる帳簿と実地在庫の差額	
棚卸ロス	万引、従業員の不正行為、レジの打ち間違い、検品ミスなどによって発生する帳簿と実地在庫の差額	・検品ミスがないようにダブルチェックやIT機器を使う、万引を減らすための対策（鏡や防犯カメラを増やす、商品にICタグをつける）などを計画実行する

まとめ

商品ロスの改善が、利益増加に直結することを知っておきましょう。

ストアオペレーション

この科目では、ストアオペレーションの役割、ディスプレイの役割、人的販売の基本的考え方など、実践的な店舗運営の方法について、基本的な内容を学びます。

ストアオペレーションの基本

頻出度
C

> **⚙重要ポイント**
>
> ☑ ストアオペレーション・サイクルは、開店前の準備業務から始まり、日常の運営業務などを行いながら必要に応じてミーティングで情報を共有し、閉店の業務を行うまでの一連のサイクル業務として実行されます。

1 ストアオペレーション・サイクルの8つの要素

❶ 開店準備の業務

清潔で気持ちのよい開店時間を迎えるため、店舗内外のクリンリネス（清掃）を皮切りに、照明やエアコンチェックなど店舗環境を整える業務や、レジ関連業務の準備をまず行い、朝礼で情報共有し、服装や身だしなみのチェックをします。

❷ 日常の運営業務（フロー）

商品の荷受け・検収を皮切りに、その保管、店舗への補充業務、商品ディスプレイを整えながら商品管理を行い、販売後の補充発注までがワンサイクルの流れです。

❸ 作業割当（ワークスケジューリング）

各日常業務を誰がいつ何をするかワークスケジューリングに落とし込みます。

❹ メンテナンス業務

POP広告、プライスカード、棚ラベル、店内表示物、売価表示などそれぞれをひとつずつチェックし、あとから無駄なクレームやトラブルを生まないようにします。

❺ チェックアウト業務

レジ業務に関わる精算や現金等金銭のチェックを行い、お金のトラブルがないようにします。また接客サービスに関わる基本的な態度や言葉遣い、場面ごとの対応方法についても事前にトレーニングしておきます。

❻ セールスプロモーション業務

イベントなど各種販売促進を実施し、それに伴う接客サービスも行います。

❼ ミーティング

上記の業務を実施するなかで新しく決まったことや、注意すべきこと、問題解決方法などについてミーティングで情報共有します。

❽ 閉店の業務

閉店にむけたクリンリネス、レジの金銭チェックを行い、閉店前のミーティング、翌日の準備をして消灯、整理整頓、戸締りを行います。

ストアオペレーション・サイクル

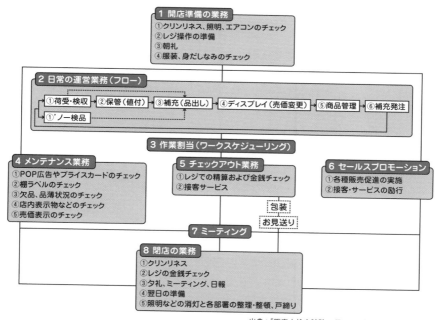

出典:『販売士検定試験 3級ハンドブック』(2019改訂版)

加点のポイント ストアオペレーション

ここで挙げた作業を基本として、具体的な作業をワークスケジューリングに落とし込むことで、効率的な運営ができるようになります。

開店準備と発注業務

頻出度
A

> ## ✿ 重要ポイント
> ☑ 効率的な**ストアオペレーション**のためには、的確な開店準備が必要不可欠である
> ☑ 顧客が必要とする商品が**品切れ**していると、店の信頼が失われるため、**補充発注**は重要な業務である

1 開店準備の業務

開店準備の基本的な業務を理解しましょう。

❶ クリンリネス（店内外を清潔に保つこと）

クリンリネスを実践するためには、店舗周辺、店内、バックヤードについて「清掃、整理、整頓」の３Ｓを基本的な作業項目としておくことが必要です。

❷ レジ業務の準備

「買上金額のレジ登録、接客、代金の授受」の３つがレジ業務の基本要素です。開店前に効率的なレジ業務を行うための準備として、「つり銭の確認、特売品などの連絡事項確認、レジ袋などの準備、レシートプリンターの確認など」が必要です。レジでは客を90秒以上待たせないというのが効率性の目安です。

❸ 朝礼、ミーティング

朝礼では、「あいさつの練習、マナーの確認、申し送り事項の確認、本日の業務および売上目標の確認」などが行われ、業務開始の準備（意欲の向上も含む）を整える役目があります。新商品の導入や価格変更商品なども朝礼で全員に伝達される必要があります。ミーティングでは、具体的な問題点の解決や、売上、利益目標達成のための方法についての連絡、情報交換、話し合いなどが行われます。

2 補充発注システム（EOS）、電子データ交換システム（EDI）

今日では業務効率化とコスト削減のため、受発注は電子データで行われます。

❶ EOS

　EOS は「オンライン補充発注システム」のことです。最近スーパーマーケットやコンビニでは、GOT（グラフィック・オーダー・ターミナル）と携帯端末によって発注する EOB（Electric Order Book：電子発注台帳）方式が取り入れられています。

❷ EDI

　EDI は「電子データ交換」といわれ、「異なる企業間での受発注データをあらかじめ取り決められた標準方式によって専用回線を介して交換する仕組み」です。最近では、インターネットを介した Web-EDI が活用されています。

EDI の仕組み

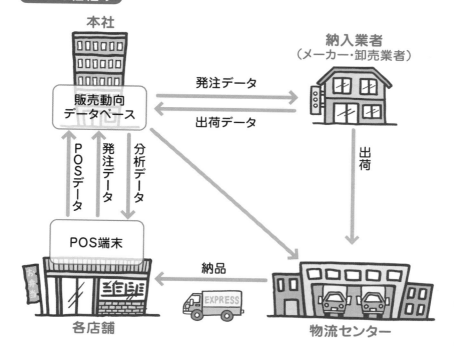

加点のポイント　混同しやすい EOS と EDI

EOSはオンライン補充・発注システム、EDIは受発注の電子データ交換システム。

荷受け・検収と商品補充

> **🔧 重要ポイント**
>
> ☑️ 「荷受け」とは、仕入商品の受け取りのことで、「検収」は届いた商品の検品のことである
>
> ☑️ 商品補充で使われる先入れ先出し法は、古い商品から先に売れるような陳列の仕方で、前進立体陳列は、顧客が見やすく取りやすいディスプレイの方法である

1 荷受け、検収

　荷受け、検収では、「発注書、納品書、納品された商品」の3つでチェックを行います。届いた商品の確認のポイントは、「発注書どおりの商品か」「品質劣化や汚損・破損がないか」「指定どおりの場所、日時か」です。指示どおりでない納品商品については、仕入先に連絡をして対応処理の交渉をします。

2 商品補充（リセット）作業の原則

　商品補充は単に売れた商品を品出しするだけでなく、売れる状態にすることです。

❶ 先入れ先出し法

補充の原則として、古い商品を前面に出し、新しい商品は後ろに並べます。このやり方により、賞味期限などが古い商品が先に売れるようになり、売れ残りや廃棄ロスが減少します。

❷ 前進（立体）陳列

補充をするときには、古い商品を前面に引き出してそろえて並べ、商品のフェイスを整頓したのちに、後ろに商品を補充していくようにします。上段に余裕があるときは、さらに積み上げて立体的に陳列します。これにより見やすく、取りやすいディスプレイとなります。

先入れ先出し法

商品は
一番後ろに追加する

お客様は
前から買っていく

リンゴ　ミルク

前進（立体）陳列

②後ろに商品を
追加していく

①まず商品のフェイスを
前に合わせて整える

リンゴ　ミルク　ブドウ

ハツラツ乳業

 加点のポイント 商品補充方法の覚え方

先入れ先出し法、前進立体陳列などは、実際の店舗でイメージをつかみましょう。

売場チェックの基本知識とミーティング

頻出度 **A**

✿重要ポイント

- ☑ 「選べる」「楽しい」「買いやすい」店舗づくりのためには、常にきめ細かな維持・管理が必要である
- ☑ チームワークを高めて販売目標を達成していくためには、ミーティングでコミュニケーションを高め、納得のいく話し合いの場をもつことが重要である

---

1 売場チェックのポイント

　売場は販売のステージです。顧客を失礼のない状態で迎えるように心がけましょう。

❶ 欠品、品薄状況のチェック

　顧客の信頼を失わないために、「欲しい商品がない」という欠品は極力避けなければなりません。日頃から担当者の発注ミスや、仕入先の未納、納品ミスを減らすようチェックするとともに、テレビCMなどによって突発的な需要が出ることもあるため、常にさまざまな商品情報をチェックしておくべきです。

❷ 店内の表示物・サイン表示のチェック

　店内表示はなるべくビジュアルなものを用い、誰にでもわかりやすいものを心がけるべきです。案内用の絵文字（ピクトグラム）には、公益法人である交通エコロジー・モビリティ財団が設置した「一般案内用図記号検討委員会」によって策定されたものがあります。

身障者用設備
Accessible facility

車椅子スロープ
Accessible slope

お手洗
Toilets

❸ 売価表示のチェック

売価表示に不備があると店の信用がなくなります。しっかりチェックしましょう。

- ・プライスカード（値札）やプライスシールのはがれ、汚れのチェック
- ・POP広告での表示が適正かどうかのチェック
- ・消費税の総額表示のチェック（内税方式）
- ・衣料品など、ライフサイクルが短い商品の単品値札のチェック

❹ 棚ラベルのチェック

スーパーマーケットなどのセルフサービス方式の売り場では、原則として単品ごとにバーコード付の棚ラベルが設置されています。適切な商品管理や欠品の防止などに役立ちます。

2 ミーティングの目的とテーマ

ミーティングでは、全体として把握すべき情報を交換し、解決すべき課題について話し合います。

❶ 目標達成に向けての意思統一、経営方針の周知徹底や数値目標把握の確認など
❷ 新商品の導入や売価の設定など本部決定事項の報告、連絡をすること
❸ 従業員のやる気を引き出し、モラルを向上させるための場

3 ミーティングでのリーダーの役割

ミーティングでのリーダーの役割は事前準備をしっかりとしたうえで、自分が発言するだけでなく、メンバー間のコミュニケーションがスムーズに図れるよう話し合いの方向性をコントロールすることです。

4 ミーティングの進め方

ミーティングはメンバー全員の時間コストがかかっていることを念頭において、効率よく進めます。ミーティングのまとめ方としては経営理念や方針から外れないように結論へと誘導します。安易に多数決で決めると納得性が低くなるので、場合により重要な内容については結論を次回に持ち越すことも必要です。

 **加点のポイント　売場チェックのポイント**

売場チェックのポイントは、正確な情報発信と買いやすさである。

頻出度 **A**

レジ業務と推奨販売の基本

❀重要ポイント

☑ セルフサービスの店では、接客はレジのみで行われるため、レジ
での顧客対応でその店の接客レベルが決まる

☑ 推奨販売とは、個別の顧客ニーズを把握したうえで、顧客に最も
適した商品を提案して販売する方法である

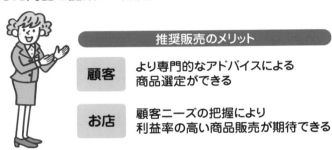

推奨販売のメリット	
顧客	より専門的なアドバイスによる 商品選定ができる
お店	顧客ニーズの把握により 利益率の高い商品販売が期待できる

---

1 レジ部門の役割

　レジ部門には顧客対応をするサービス係、買上商品を包装して顧客に渡す
サッカー、金銭授受のみを行うキャッシャー、商品をバーコードスキャンし
て金銭授受も行うチェッカーという仕事があるが、コンビニエンスストアな
どでは、すべての業務を一人が行っていることが多く、レジ要員の質がお店
のイメージを決めてしまうこともありますので教育が重要です。

2 レジでの接客

　明るくあいさつをし、スピーディに、正確に、レジ業務を行うことが重要です。
クレジットカードでの支払いはCAT端末（信用照会端末）でカードを読み取っ
て処理します。レジでの接客話法の具体例については、次ページの表で確認
しましょう。

レジでの接客話法の例

お待ちいただくとき	恐れ入りますが、少々お待ちください
お待ちいただいたとき	大変お待たせいたしました
こちらに来ていただきたいとき	どうぞ、こちらにお越しください
ほかの場所で聞いてほしいとき	恐れ入りますが、○○売場でお聞きいただけますでしょうか
よいかどうかの確認をするとき	よろしいでしょうか
名前や住所を聞きたいとき	恐れ入りますが、お名前とご住所をお聞かせいただけますでしょうか
並ばない客がいるとき	恐れ入りますが、お並びいただけますでしょうか
小銭の持ち合わせを聞くとき	恐れ入りますが、○○円、お持ちでございますか

出典:『販売士検定試験3級ハンドブック』(2019年改訂版)

3 推奨販売の実施方法

まず顧客のニーズをさまざまな質問から十分確認したうえで、以下のように推奨販売を行います。

❶ 商品情報を提示する
❷ 比較検討できるよう、複数の商品を提案する
❸ 顧客に適した商品ごとのセリングポイントを明示する
❹ 業務を通じて顧客との人間関係をつくるよう心がける

4 顧客のニーズを聞き出す3つのポイント

顧客のニーズをさりげなく聞くためには、以下のポイントに注意します。

❶ 積極的に傾聴の手法やほめ言葉を使う
❷ 質問により、顧客の悩みや問題点を把握する
❸ 聞き上手になるよう心がける

5 支払い処理に関するその他の事項

　支払い方法については、現金以外にも、クレジットカードや電子マネーなどのキャッシュレス決済が浸透してきています。また、スーパーマーケットなどでは、セルフレジの普及も進んでいます。

❶ クレジットカード

　クレジットカードによる支払い方法には一括払い、分割払いに加えてリボルビング払いがある。「リボルビング払い」とは、利用金額にかかわらず、毎月の支払い金額を一定に抑える決済方法である。

❷ 電子マネー

　電子的なデータのやり取りで商品代金の支払いを行う決済方法である。SuicaなどのICカード型電子マネーの他、複数のスマホ決済アプリが登場しており、近年急速に普及が進んでいる。

❸ チェックアウトシステム(セルフレジ)

　顧客自らがPOSレジを操作して、商品の精算を行う支払いシステムである。レジ待ち時間の短縮による顧客満足度の向上のほか、チェッカーの人手不足対策としても期待されている。最近では、レジで通常通りの買上商品登録が行われた後、支払についてはレジ近くに設置された自動精算機で顧客自身が精算を行うシステムが開発されている。

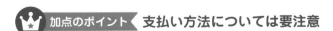 加点のポイント 支払い方法については要注意

支払い方法に関する内容は、近年特に変化が激しい分野です。時事的な問題として問われる可能性もあるので、ニュースなどで動向を確認しておきましょう。

包装技術の基本知識

頻出度

A

❀ 重要ポイント

☑ 包装とは、物品の輸送、保管にあたって、価値および状態を保護するために適当な材料、容器などを物品に施す技術のことである

1 包装の種類と目的

　包装は、商品そのものを入れる容器でデザイン的に商品価値を高める「個装」、個装を外部の圧力から守る「内装」、ダンボールなど輸送のときに使われる「外装」の3つに大きく分かれます。包装の目的には①商品の保護、②取り扱いの利便性、③販売単位の形成、④販売促進、⑤情報伝達の手段、などがあります。

2 包装の心構え

　包装は最後に商品を送り出す業務です。しっかり丁寧に行いましょう。

❶ **商品をよく調べ、サイズ、色、数量の間違いや汚損・破損がないかをチェックする**

❷ **商品の性格やお客様の目的に合う包装を施す**

❸ **スピーディかつ美しく包む**

❹ **過剰包装を避ける**

3 包装の種類と方法

　基本形は「斜め包み」と「合わせ包み」の2種類ですが、目的別に多様な包み方があります。

❶ 斜め包み…丈夫に美しく手早く包める

❷ 合わせ包み（キャラメル包み）…箱の包装に適している

❸ ふろしき包み（スクエア包み）…商品を回転させられない場合、または高さのある箱に便利な包み方

❹ ギフト品の包み方…すぐに開きやすいキャラメル包みやアレンジタック包みがある

第3章 ストアオペレーション

❺ 特殊な形の商品の包装…らせん型包装（棒状の商品）、分割包装（Ｔ型定規のような変形商品）、びんの包装、大型商品の包装などがある

斜め包み（回転包み）

手早くきれいに包める包装の基本。高さのある箱や正方形の箱、回転させてはいけない商品には向かない

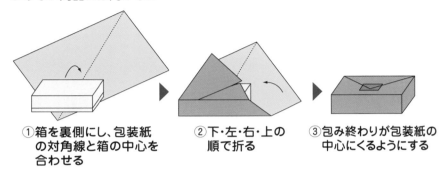

①箱を裏側にし、包装紙の対角線と箱の中心を合わせる

②下・左・右・上の順で折る

③包み終わりが包装紙の中心にくるようにする

合わせ包み（キャラメル包み）

きれいに包めて開きやすい。箱を回転させることのできない商品にも向いている

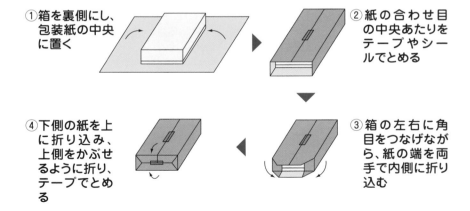

①箱を裏側にし、包装紙の中央に置く

②紙の合わせ目の中央あたりをテープやシールでとめる

③箱の左右に角目をつなげながら、紙の端を両手で内側に折り込む

④下側の紙を上に折り込み、上側をかぶせるように折り、テープでとめる

斜め合わせ包み

正方形の箱の包装に適している

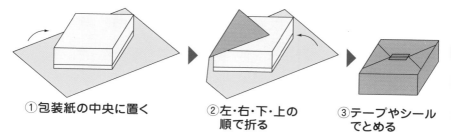

①包装紙の中央に置く

②左・右・下・上の
順で折る

③テープやシール
でとめる

ふろしき包み（スクエア包み）

高さのある箱の包装に適している

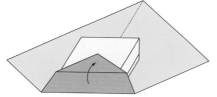

①箱を裏側にして包装紙の対角線の
中央に置き、手前の紙を折る

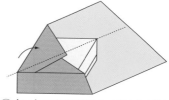

②左・右の順に折り、折り上げた
紙の手前側を対角線に沿って
内側に折り込む

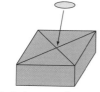

④中央をテープやシールで
とめる

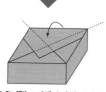

③向こう側の紙を折り上げ、
紙の両側を対角線に沿って
内側に折り込む

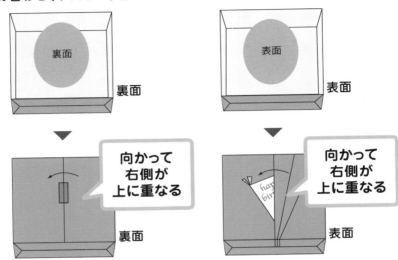

通常の合わせ（キャラメル）包みの場合　　アレンジタック包みの場合

裏面

裏面

向かって
右側が
上に重なる

裏面

表面

表面

向かって
右側が
上に重なる

表面

4 ひものかけ方、リボンのつくり方

ひものかけ方には用途による違いがあります。

❶ **大型商品の包装**…重い商品はハの字にひもをかけ、ハンガーを使って持ちやすくする

❷ **ひものかけ方**…十文字、N字、キの字などひもをかけたときの形によってさまざまな方法がある

❸ **リボンのつくり方**…フラワーリボンなど華やかさを演出するものがある

大型商品の包装・ひものかけ方

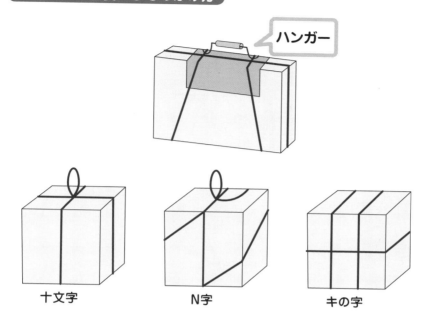

ハンガー

十文字　　　　　　N字　　　　　　キの字

5 和式進物包装

和式進物包装には決まりごとがあり、試験でもよく問われます。

❶ 表書き…目的によって「寿」「御祝」「内祝」「御見舞」など決まりごとがある

❷ 水引き…「蝶結び」は、何度も繰り返されてほしいこと、「結び切り」は、二度と繰り返してほしくないことを意味し、慶事は紅白または金銀、弔事には黒白または銀白を使用する。「あわじ結び」は、結び目が複雑に絡み合い解くことが難しいので、結婚式などの一度きりが望ましい慶事や弔事などに使用される

❸ のし…もともとは「のしあわび」のことで、儀式用の肴だったものが贈り物に添えられるようになり、今では印刷したものとなっている

❹ 掛け紙…正式には檀紙または奉書を用いるが、今日では半紙や白紙を用いることが多い

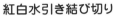

白　　紅	白　　　紅	白　　　黒
紅白水引き結び切り	紅白水引き蝶結び	黒白水引きあわじ結び

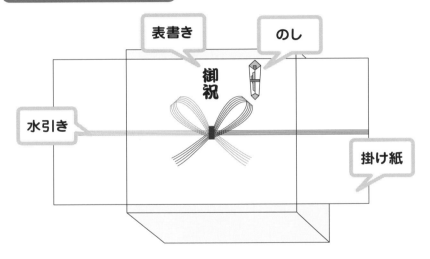

表書き　　のし

御祝

水引き

掛け紙

その他の注意点

・表書きは慶事のときは墨の色を濃く、弔事のときは薄くします。
・掛け紙をかけて裏側で紙が重なるときは、慶事のときは向かって右を上に、弔事のときは向かって左を上にします。
・掛け紙が品物よりはみ出るときは切らずに下から折り曲げます。
・慶事のときでも品物が魚のときは、のしをつけないようにします。

 加点のポイント　各種包装の特徴

包装については、自分で一度やってみると特徴が理解できます。

Section 7

ディスプレイの目的と役割

頻出度 A

✿重要ポイント

☑ ディスプレイとは、商品の価値を生活提案という形に置き換え、ターゲット顧客に正しく訴求して購買につなげるための演出技術である

1 ディスプレイの原則

❶ 顧客の視点に立った生活提案をディスプレイの第一目的とする
❷ ディスプレイに必要な要素を決める

　何を、いくつ、どこに、どの高さまで、どの面を顧客に向けて、どのような見せ方で、どの商品といっしょに、どのような色の組み合わせでディスプレイするかなどを決めます。
❸ 実施上の留意点

　どのような陳列器具を使って、いつ、どれだけの作業時間で、誰が、誰の指示で行うのかを決めます。

2 ディスプレイの評価基準

　ディスプレイには顧客から見て買いやすいか、業務として実行しやすいかという視点からの評価基準があります。

評価基準	説明
見やすいか	見にくい商品は顧客から選ばれない
触れやすいか	触れにくい商品は、具体的な商品検討の意欲をそいでしまう
選びやすいか	商品が選びにくいと、顧客は購入をあきらめてしまう
豊富感があるか	量販店なら幅広い品種、専門店なら深い品目が魅力となる
魅力的か	美しく、見て楽しいディスプレイは商品を魅力的に見せる
効率的か	顧客がすぐ手にとって買いやすく、従業員が並べやすくなっているかどうかを検討する

3 商品を見やすくするためのポイント

　見やすいディスプレイは売上向上につながることはもちろん、品切れの状況を容易に把握できるようになったり、補充が容易になって作業が効率化するなどのメリットもあります。

❶ フェイスを正しく整える…商品の正面（フェイス）を顧客側に向けて、商品名が読めるようにする。

❷ 右側に大容量商品をディスプレイする…500mL と 1,000mL の醤油など、同じ商品名で容量が異なるものがあるときは、原則として顧客側の右に容量が大きい商品をディスプレイする。

❸ 後方に大型商品をディスプレイする…小型商品が大型商品に埋もれないように、顧客に近い方から小型商品、大型商品とディスプレイする。

4 商品に触れやすくするためのポイント

　商品に触れることで、顧客が商品の価値を確かめることができるとともに、購買意欲を刺激することができます。

❶ 高く積み上げない…商品をあまりに高く積み上げると、触れることで倒れたり傾いたりしないか不安になるため、顧客は商品に触れにくくなる。

❷ 商品を詰めすぎない…商品を取り出すために無理に引っ張り出さなければいけなくなり、顧客が商品に触れるのをためらう原因になる。また、無理に商品が取り出されることで売場のディスプレイが崩れる可能性もある。

❸ 商品を貼り付けない…見やすくディスプレイをすることにはつながるが、顧客は商品を手に取ることはできない。

5 商品を選びやすくするためのポイント

　具体的な使用シーンをイメージしやすくしたり、類似商品との比較をしやすくしたりすることで、顧客は商品を選びやすくなります。

❶ 商品を適切にグループ分けする…用途や機能、ブランドなどで分類し比較しやすくする。また、ジャンルの異なる商品を生活シーンごとにまとめることで、使用シーンをイメージさせるとともについで買いをしやすくすることができる。

❷ 什器やPOPなどを活用する…仕切り板などを活用することで商品群の

グループ分けを明確にする。また、重点販売商品にはPOP広告をつけて目立たせる。

6 商品の豊富感を出す際のポイント

1つの品種を深く掘り下げた品ぞろえを行うことで、一般的に、顧客は多くの品目から商品を選ぶことができ満足感を得られます。また、品種の数を増やして幅広い品ぞろえを実現することで、コンビニエンスストアのように1店舗で何でもそろうという利便性を顧客に提供することができます。なお、季節商品や特売品などは、顧客を惹きつける意味でもボリュームが出るようにディスプレイを工夫するとよいでしょう。

❶ 深く掘り下げた品ぞろえ…例えばコートであれば、異なるブランドのものや同一ブランドで色違いのものを数多くそろえるなど、1つの品種を掘り下げて多数の品目をディスプレイする。しかし、多くの商品を揃えることは、多くの在庫を抱えるということにもつながりかねない。そのため、少量の商品でもそれを豊富に感じさせるようなディスプレイが重要になる。

❷ 幅広い品ぞろえ…顧客ニーズにあわせた適切な商品構成とすることが重要。

7 商品を魅力的に見せるポイント

什器や照明などを効果的に使うなどディスプレイを工夫するとともに、周辺に置く商品の組合せによっても見え方が変わってきます。

8 作業効率が上がるディスプレイ

手間がかからず補充がしやすいディスプレイを心がけます。補充のしやすいディスプレイであれば、売場の品薄感や欠品の発生を減らすことができ、販売効率の向上にもつながります。

9 見やすさと触れやすさの範囲

"ゴールデンライン"と呼ばれる床から85cm以上125cmの高さは「最も触れやすい場所」ですので売れ筋商品を置きます。また、125cmから170cmの範囲は「最も見やすい場所」ですので販売を伸ばしたい商品などを置きます。170cm以上や、床上60cmくらいまでの場所は商品ストックに利用することが多いです。

商品の高さと見やすさ、触れやすさ

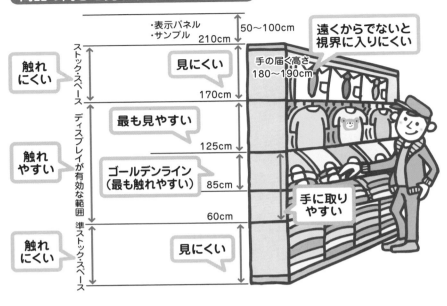

触れにくい

触れやすい

触れにくい

ストック・スペース

ディスプレイが有効な範囲

準ストック・スペース

・表示パネル
・サンプル　210cm　50〜100cm

見にくい

遠くからでないと視界に入りにくい

手の届く高さ
180〜190cm

170cm

最も見やすい

125cm

ゴールデンライン
（最も触れやすい）　85cm

手に取りやすい

60cm

見にくい

加点のポイント ディスプレイの評価基準

「見やすくするにはどうするか」「触れやすくするにはどうするか」というように
具体的な方法論まで出題されています。ディスプレイについては「なぜそうする
のか」まできちんと説明できるようになりましょう。

ディスプレイの基本的パターン

✿重要ポイント

☑ ディスプレイの基本的パターンは、陳列器具の形状によるものと、販売方法の特徴によるものの2種に整理される

---

1 陳列器具の形状によるディスプレイの基本的パターン

陳列の基本パターンはよく出題されます。名称と内容をよく覚えておきましょう。

❶ **平台陳列**…衣・食・住全般に最も広く使われている陳列方法のひとつ

メリット
見通しがよく、選びやすく触りやすい

デメリット
スペースをとる。くずれやすくいたみやすい

❷ **ゴンドラ陳列**…定番商品を主体に多数のアイテムを陳列する

メリット
フェイスをそろえやすく、在庫管理がしやすい

デメリット
補充発注を怠ると空きスペースができて乱れが目立つ。陳列が単調

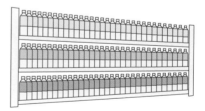

❸ **ハンガー陳列**…衣料の陳列で最も多く利用されている

メリット
見やすく触れやすい。作業がしやすい。型崩れしにくい

デメリット
ほこりで汚れやすい。分類の間違いが
発見しにくい

❹ フック陳列…衣料品や家庭用品売場
などで使われている

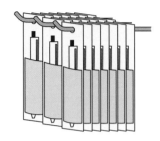

メリット
見やすく取りやすい。在庫量がすぐわ
かる

デメリット
大量陳列ができない。大きな商品を陳
列できない

❺ ボックス陳列…衣料品で主に利用さ
れている

メリット
分類しやすく、他の売場と違ったイメー
ジをつくることができる

デメリット
デザインが見にくく、整理に時間がか
かる

❻ ショーケース陳列…対面販売形式を
採用している売場を中心に幅広く利
用されている

メリット
汚れにくく、高級イメージが出せる

デメリット
陳列整理に時間がかかる。触れにくく、
すべてが見えない

❼ カットケース陳列…箱を切り込み、
その中に商品を積み上げる陳列

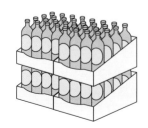

メリット
手間がかからず大量陳列できる

デメリット
空箱の整理やすべての商品に値札を貼
りつけることが難しい

❽ エンド陳列…ゴンドラエンド(ゴンドラの端)に商品を大量陳列し、衝動買いを誘う。各部門で利用されている

メリット
大量陳列が可能で商品を三方向から手に取ることができ、新製品など売りたい商品をPRできる

デメリット
作業に手間がかかり、くずれやすく見通しが悪い

❾ ステージ陳列…店内にクローズアップ・ポイントをつくる

メリット
流行品や季節商品を強調できる。イメージアップが図れる

デメリット
汚れやすく、スペースをとる

2 販売方法の特徴によるディスプレイの基本的パターン

　販売方法の特徴によるディスプレイの基本パターンもよく出題されますので、お店に行って実際に確認しておきましょう。

❶ ジャンブル陳列…投げ込み陳列と呼ばれ、主に食品で利用されている

メリット
陳列に手間がかからず、親しみやすさと安さのイメージが出る

デメリット
こぼれやすくいたみやすい。品質イメージが低下する

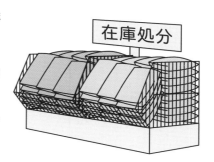

在庫処分

❷ 前進立体陳列…商品の迫力を演出す
る方法で、食品や日用雑貨などで活
用される

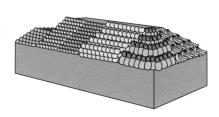

メリット
見やすく触れやすい
デメリット
在庫量を間違えるおそれがある

❸ サンプル陳列…見本品を陳列する

メリット
商品価値がよくわかる
デメリット
量感が出せない

❹ コーディネート陳列…複数の商品を
組み合わせて全体を調和させる陳列
方法

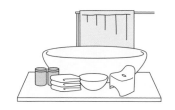

メリット
商品のイメージアップになり、関連商
品の販売に結びつけられる
デメリット
陳列に大変手間がかかる

❺ オープン陳列…裸陳列といわれ、自
由に商品に触れられる方法（セルフ・
セレクション方式）

メリット
直接確認でき、店側の説明を必要とし
ない
デメリット
陳列が乱れたり、汚れたりする

❻ レジ前陳列…スーパーマーケットの
レジの前に集中陳列する

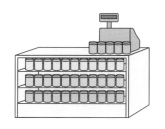

メリット
顧客の目につき、商品に触れやすく、
ついで買いを促す

デメリット
レジ前が混雑する

❼ 島（アイランド）陳列…店内通路の中央に小さな陳列部分をつくる

メリット
手に取りやすく、安いイメージが出せる

デメリット
通路が狭くなる

❽ 壁面陳列…壁面を利用した陳列棚による陳列方法

メリット
自由な陳列・装飾・収納が可能で、豊富感が強調できる

デメリット
陳列に時間がかかり、天井近くの商品は手に取りにくい

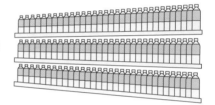

❾ ショーウインドウ陳列…店の入口部分に設け、店のイメージを高める売場の最前線である

メリット
商品の性格に応じてテーマを設定し、店内誘導の演出ができる

デメリット
商品に触れさせることができない

 加点のポイント ディスプレイの基本パターンは目で見て覚えよう

ディスプレイの基本パターンは定番問題で特に出題頻度が高くなっています。実際にさまざまな店舗でイメージを確認して覚えることが効果的です。

ファッション衣料業界の
ディスプレイ技術

✿ 重要ポイント

- ☑ 空間コーディネートの6つの基本パターンや、カラーコーディネートの基本を理解し、覚えましょう
- ☑ カラーコーディネート関連用語、ディスプレイパターン関連用語をしっかり覚えましょう

---

1 ファッション衣料品のディスプレイの基本

　ファッション衣料品のディスプレイは、「空間コーディネート」でまず全体のイメージをコントロールして、次に「カラーコーディネート」で細かな見え方や印象をコントロールします。

2 空間コーディネートの6つの基本パターン

❶ 三角構成…売場に安定感を生み出し、複数の大きさの違う商品コーディネートに適する

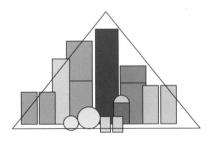

❷ リピート構成…同一品目の色やサイズ違いの商品を、同じ陳列を繰り返すことでわかりやすく表示する方法。品ぞろえ全体が一目で確認できる。シンプル、かつ、モダンなブランド商品などに適する

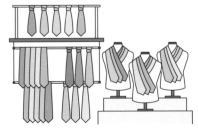

❸ 対称構成（シンメトリー構成）…落ち着いたフォーマルな感じを演出できる

❹ 非対称構成（アシンメトリー構成）…左右のバランスを崩すことで躍動感や斬新さを演出する
❺ 集中構成…商品を一か所に集中させ、スポットライトなどで特徴や質感を表現する
❻ 拡散構成…陳列フレーム（ウィンドウ）からわざとはみ出るようにしてスケールの広がりやブランドの世界観を演出する

3 カラーコーディネートの5つの基本

❶ 遠くから目立つこと。赤や橙、黄色など誘目性の高い色（目立つ色）を使う
❷ テーマカラーで統一すること
❸ 明度と彩度の組み合わせによって演出される色調（トーン）を統一することでまとまり感を出す
❹ 地味目な商品の場合は、誘目性の高い色をアクセントカラーに使う
❺ カラーライゼーションのルールを使うこと。具体的には虹色の順番や明るい色から暗い色、薄い色から濃い色などのグラデーションを使うと自然で落ち着きのある演出ができる

4 カラーコーディネート関連用語

❶ ビジュアルマーチャンダイジング
売場における重点商品の提案や買ってもらう提案をどう視覚的に実現するかという政策のこと
❷ カラーコントロール
売場のディスプレイ全体のトータルなカラーコントロールを行い、季節感を演出したり、店の奥への誘導を図ったりすること

❸ アクセントカラー

売場やディスプレイの中で少量の商品に特別の配色をすることで強調ポイントをつくり、売場全体を引き立たせること

❹ グラデーション

規則正しく色を徐々に変えていくこと

❺ セパレーション

商品を分離させてメリハリをつけること。例えば、類似性の高い商品が隣り合って目立たない場合に売場を分けたりする

5 ディスプレイ・パターン関連用語

❶ ハンギング(ウォーターフォール)

商品をハンガーにかけて見せるディスプレイ技術

❷ フォールデッド

商品をたたんで見せるディスプレイ技術

❸ フェースアウト

ハンギングのうち、商品の正面を見せるディスプレイ技術。デザインは良く見えるが場所をとるデメリットあり

❹ スリーブアウト

ハンギングのうち、商品の袖(サイド)を見せるディスプレイ技術。多くの商品をディスプレイできるが見えにくい

6 什器・備品

❶ プロップ

小売業の売場で演出のために置かれる小道具。印象的なアートをオブジェと呼び、小物はプロップと呼ぶ

❷ リアルマネキン

ヘアやメイクを自由にオーダーできる人体を忠実に再現したマネキン

❸ アブストラクトマネキン

体の一部を変形・歪曲させたり、顔のつくりを抽象的にするなど個性の強いマネキン

❹ スカルプチュアマネキン

頭がなかったり、頭部を彫刻的にしたりして個性を減らし、商品のイメージを限定させないマネキン

❺ライザー

　帽子のスタンドやレリーフ型ボディなど陳列を補助する器具

7 ショーウィンドウ陳列の基本

　商品に触ることができないというデメリットをカバーするため、以下のようなポイントに留意する。

❶ 商品や背景の選定を十分に行う

❷ 色彩を調整し、構成上の要素を検討し、季節感ある演出を行う

❸ 効果的な照明を配置し、訴求ポイントを強調する

❹ 推奨理由を書いたショーカードをつけて顧客を説得する

❺ 明確な目的を持って商品を飾り、プライスカードをつける

8 ショーウィンドウ陳列の留意点

❶ 人の目を引き付け、足を止めさせる集視ポイントを明確にする

❷ 主要顧客層の興味関心を引くようテーマを決めて表現する

❸ 季節感や話題性を積極活用する

❹ 量感や質感を表現するために陳列補助具なども活用する

❺ ショーウィンドウ前から入店させるまでの導線計画をつくる

 加点のポイント **頻出のディスプレイ用語**

用語の意味がよく出題されています。しっかり覚えましょう。

理解度チェック ○× 一問一答

Q1 フェイシングとは、販売員が身だしなみを整えて顧客の印象を上げることである。

☑☑

Q2 定番商品が欠品しないことを目的として継続的に発注することを補充発注という。

☑☑

Q3 EDIは、電子データ交換のことで、標準方式を活用して異なる企業間の受発注データを交換可能にするシステムである。

☑☑

Q4 商品を手に取って選択しやすい高さは、目線の高さを中心に考えるのが適当である。

☑☑

Q5 ステージ陳列とは、ステージにゴンドラなど陳列台を置いて陳列することである。

☑☑

Q6 ファッション衣料品のディスプレイは、「空間コーディネート」でまず全体のイメージをコントロールして、次に「カラーコーディネート」で細かな見え方や印象をコントロールする。

☑☑

Q7 「非対称構成（アシンメトリー構成）」は、落ち着いたフォーマルな感じを演出できる。

☑☑

Q8 三角構成は、売場に安定感を生み出し、複数の大きさの違う商品コーディネートに適している。

☑☑

Q9 ショーケース陳列は、高級品の対面販売に適している。

☑☑

Q10 虹色の配色となるように商品を配置するなど、商品の色に規則性をもたせてディスプレイすることをカラーライゼーションといい、自然で落ち着きのある演出ができる。

☑☑

A1 ✕ フェイシングとは、商品の一番魅力的な面を顧客に向け、商品の並び
をそろえて見やすく買いやすくなるように整えることである。

A2 ◯ 定番商品が欠品しないことを目的として継続的に発注することを補充
発注といい、日常の店舗運営業務のひとつである。

A3 ◯ EDI は Electronic Data Interchange の略語で「I」の Interchange は交換
の意味。混同しやすい EOS は EOS は Electronic Ordering System の
略語で「O」の Ordering は注文の意味。それを意識すると間違えにくく
なる。

A4 ✕ 商品を手に取って選択しやすい高さ（ゴールデンライン）は、目線より
も下の位置を中心に考えるのが適当である。

A5 ✕ ステージ陳列とは、流行商品や季節商品を強調したり、イメージアッ
プを図ることを目的として、店内にクローズアップポイントとしてス
テージを設けて、情報発信型のディスプレイをすることをいう。

A6 ◯ ファッション衣料品のディスプレイでは、全体のイメージの次に細か
な見え方や印象をコントロールする。

A7 ✕ 落ち着いたフォーマルな感じを演出できるのは 「対称構成（シンメト
リー構成）」である。

A8 ◯ 三角構成は、複数の大きさの違う商品コーディネートに適しているた
め、いろいろな関連商品を並べやすい。

A9 ◯ ショーケース陳列は、商品を陳列したショーケースを挟んで商談がで
きるため、高級品の対面販売に適している。

A10 ◯ カラーライゼーションにより、自然で落ち着きのある演出ができる。
また、店舗固有のトータルイメージを醸し出すために、商品や什器、
店舗の内装のさまざまな色を一定の基準で分類・整理してディスプレ
イすることをカラーコントロールという。

Q11 クリンリネスの3Sとは、整理、清掃、正確のことである。
☑ ☑

Q12 先入れ先出し陳列とは、製造や仕入の日付が新しいものを手前にディスプレイしてより新鮮なものを購入してもらおうとする陳列方法である。
☑ ☑

Q13 販売促進や情報伝達機能は、包装の機能には含まれない。
☑ ☑

Q14 ジャンブル陳列とは、投げ込み陳列とも呼ばれる方法で、「安い」というイメージが出せるとともに手に取りやすい陳列方法である。
☑ ☑

Q15 クレジットカードの信用照会端末のことをCATという。
☑ ☑

Q16 高さのある箱や正方形の箱には、斜め包み(回転包み)が用いられる。
☑ ☑

Q17 水引きを選択する際、何度も起きてほしい慶事には結び切りを選ぶ。
☑ ☑

Q18 オンラインの補充・発注システムのことをEOBという。
☑ ☑

Q19 EOSは、企業同士がオンラインで情報をやり取りするための情報通信基盤のことであり、通常は電子データ交換と呼ばれている。
☑ ☑

Q20 ピクトグラムとは案内用の絵文字のことである。
☑ ☑

A11 ✕ クリンリネスの３Ｓとは、整理、整頓、清掃のことである。

A12 ✕ 先入れ先出し陳列とは、製造や仕入の日付が古いものを手前にディスプレイして古い在庫から先に購入してもらうことで、賞味期限切れや品質劣化による在庫廃棄リスクを避ける陳列方法である。

A13 ✕ 販売促進や情報伝達機能も包装の機能の一部である。なお、包装にはその他、商品の保護、取扱いの利便性向上、販売単位の形成などの目的がある。

A14 ○ デメリットとしては、ボリューム感を出して訴求する陳列方法のため積み上げるのに手間がかかる、商品が押されて痛みやすい、品質イメージが低下するなどがある。

A15 ○ クレジットカードの信用照会端末のことをCATという。なお、CATは Credit Authorization Terminal の略語である。

A16 ✕ 高さのある箱にはふろしき包み（スクエア包み）などが、正方形の箱には斜め合わせ包みなどがそれぞれ用いられる。

A17 ✕ 水引きを選択する際、何度も起きてほしい慶事には蝶結びを選ぶ。結び切りは結婚祝い（紅白結び切り）や葬式の香典（黒白結び切り）など二度繰り返したくない事柄に用いる。

A18 ✕ オンラインの補充・発注システムのことはEOSという。

A19 ✕ EDIとEOSは混同しやすいが、EOS（Electronic Ordering System）は受発注に限定したシステムのことを示すと覚えておくと区別できる。

A20 ○ 案内用の絵文字のことをピクトグラムという。

顧客の購買心理を理解した接客法

店長

お客さんは結構来ているのに、買わずに帰る人が多いねえ…。

そうなんですよ。どのお客さんに対しても、一生懸命売り込んでいるんですが…。

新人

店長

…なるほど。原因はそれかもしれないね。

えっ！？ 一生懸命売り込むのはいけないんですか？？

新人

もちろん、一生懸命売り込みを行うことは悪いことではありません。しかし、実施するタイミングやお客さんの性格によっては熱心なセールストークは逆に敬遠されることもあります。そうならないためのカギが「購買心理」の理解なのです。

■ 売り込みの適切なタイミングを知ろう

　顧客の心をつかむ効果的な接客を行うために大切なことは、購買心理を理解することです。一つの商品を見つけてから購入を決断するまでの気持ちの変化を知ることで、的確な言葉がけや提案ができるようになります。また、商品のディスプレイを考える際にも、購買心理過程に沿って選びやすい配置を考えることが大切です。

購買心理過程

❶ 注目

注目とは、顧客が商品をちらっと見ることです。

 顧客が興味をもって足を止め、商品を手にしたときはアプローチのチャンスです。

❷ 興味

興味とは、商品に興味を感じて足を止め、さらによく見ようとすることです。

 顧客が興味を示し、連想を抱いたときは顧客ニーズを聞き出すチャンスです。

❸ 連想

連想とは、顧客がその商品を使っている自分の姿をイメージしはじめることです。

 この段階では、実際の商品を見せながら「商品を使う状態にして」アピールします。

❹ 欲望

商品に対する欲望が高まってきて、具体的な疑問や比較の欲求がでてきます。

 比較商品の提示は3種類くらいにとどめ、顧客が選択に迷わないように気をつけます。

❺ 比較・検討

比較検討の段階は、本当に自分が一番欲しいものなのかを顧客が検討します。

 顧客が比較・検討をしているときは、顧客ニーズを踏まえたうえで、それぞれの商品のセリング・ポイントをタイミングよくアピールします。

❻ 信頼・確信

　購買決定に踏み切るには、顧客の店、メーカー、商品、販売員への信頼が大切です。

信頼・確信の段階では、アフターサービスや支払い方法、配送など、信頼して購入に踏み切るための安心材料をアピールします。

❼ 決定・行動

　購買行動とは、顧客が購買決定に踏み切り代金を販売員に渡すことです。クロージングともいいます。

クロージングの段階では、「ありがとうございます」という言葉で商品購入を決定づけるとともに、代金の支払い方法や商品の受け渡し方法を確認します。

❽ 満足

　購入後の満足感には、購入品だけでなく販売員への信頼もあります。

お買い上げ後のお見送りも、可能であれば相手が姿を消すまで行うことで、丁寧さがアピールでき、また、次の購買につながることになります。

まとめ

顧客がどの購買心理の状態にあるのかを理解できれば、適切な接客をすることができます。また、❺の比較・検討がしやすい商品ディスプレイを心がけるなど、直接的な接客以外にも顧客心理の理解を応用することが可能です。

マーケティング

この科目では、小売業のマーケティングの考え方、顧客管理の役割、販売促進の役割などマーケティングの基本的な考え方を学びます。さらに、具体的な商圏の設定と出店の知識、売場づくりの考え方などについても基本的な内容を学びます。

小売業のマーケティング

頻出度 **A**

✿ **重要ポイント**

☑ マーケティングとは、「対象となる市場で自社が競争上の優位性を得ようとするための販売に関する諸活動」のことである

☑ メーカーでは、大衆（マス）を対象としたマクロマーケティングを行う

☑ 小売業では、個（パーソナル）を対象としたマイクロマーケティングを行う

1 メーカーと小売業のマーケティングの違い

　消費財メーカーは、大量販売を目的としたマスマーケティングを展開します。具体的にはマス広告によるマクロマーケティングです。これに対して小売業では、限られた商圏で顧客に販売提案をしていくため、マイクロ（パーソナル）マーケティングを展開します。

❶ メーカーのマーケティング

　基本は大衆（マス）を対象としたマクロマーケティングです。大衆市場における少品目大量販売によるブランドシェアの拡大を目指してテレビCMや雑誌による大規模で広域的な宣伝活動（マスプロモーション）を行います。また、計画的かつ継続的に製品開発（プロダクトプランニング）を行います。

❷ 小売業のマーケティング

　基本は個（パーソナル）を対象としたマイクロマーケティングです。商圏調査に基づく立地選定と業態開発により立地戦略（ストアロケーション）を立案し、最適な業態で出店します。自己の商圏における多品種少量販売型での顧客シェアの拡大を目指して、チラシ広告や口コミを中心とした狭域的な宣伝活動を行います。また、店頭において各種イベントやスペースマネジメントを実施し、店内販売促進（インストアマーチャンダイジング）を展開します。

　メーカーと小売業のマーケティングの違いを、マッカーシーが提唱した4P理論に基づいて整理してみましょう。

マッカーシーの4P理論に基づく小売業のマーケティング

4P	小売業における名称とその内容	
プロダクト Product	マーチャンダイジング （商品化政策）	商品の選定と数量の決定
プロモーション Promotion	リージョナルプロモーション （店舗起点の狭域型購買促進）	チラシ、DMなどの商圏内に対するアプローチ 店頭でのイベント、キャンペーンなど
プライス Price	エブリデイフェアプライス （地域基準の公正価格）	商圏内での需要や競合店の状況などを総合的に検討した価格設定
プレイス Place	ストアロケーション （立地・店舗配置）	商圏調査に基づく立地と業態開発

【参考】4P理論に基づくメーカーのマーケティング
　　　プロダクト　　　：プロダクトプランニング（製品化計画）
　　　プロモーション：マスプロモーション（大規模広域型広告宣伝）
　　　プライス　　　　：スタンダードプライス（全国標準価格）
　　　プレイス　　　　：マーケティングチャネル（流通経路戦略）

2 4P理論による小売業のマーケティング

　以前の小売業は、マーチャンダイジング（品ぞろえ）と店舗オペレーションが中心でした。顧客需要をつくり出すようなマーケティングには取り組んできませんでした。

　しかし、競争の激化、消費需要の低迷などを背景として、自ら需要を創造するようなマーケティング活動が必要となりました。小売業のマーケティングは以下の4つのPの組み合わせで構成されます（マッカーシーの4P理論）。

❶ プロダクト（**商品化政策**）…商品の選定、効果的な組み合わせと数量の決定、つまりマーチャンダイジングのこと

❷ プロモーション（**店舗起点の狭域型購買促進**）…店頭での各種イベント、キャンペーンなどのインストアマーチャンダイジングおよび、チラシ、DMなど商圏へのアプローチなどリージョナルプロモーションのこと

❸ プライス（**地域公正価格**）…商圏内の需要や競争状況を総合的に検討した価格設定、つまりエブリデイフェアプライスのこと

❹ プレイス（**立地戦略**）…商圏調査に基づく立地選定と業態開発、つまりストアロケーションのこと

小売業のマーケティング体系図

主に商圏の顧客を
ターゲットにした
小売業の4Pの実践

FSP（138ページ
参照）などの顧客
関係形成政策
（CRM:カスタマー・
リレーションシップ・
マネジメント）

マス媒体による大規模
広域型の広告宣伝

小売業

マイクロレベルの
マーケティング
（パーソナル
マーケティング）

メーカー

マクロレベルの
マーケティング
（マスマーケ
ティング）

 加点のポイント ◆ 小売業のマーケティングの意義

メーカーのマーケティングとは何が違うのかという比較が問われます。小売業
のマーケティングは、自己の商圏での顧客シェアの拡大を目的としています。

顧客満足経営の基本知識

✿重要ポイント

☑ **顧客満足経営の新原則とは、**ホスピタリティ、エンターテインメント、プリヴァレッジ**の3つである**

1 顧客満足とは

顧客満足とは、経営のすべてを顧客志向にすることで、顧客の満足を得て固定客を増やすこと(顧客ロイヤルティを得ること)です。

2 顧客満足経営の基本

単に商品を売るだけではなく、サービスやもてなしの精神(ホスピタリティ)を発揮して、反復購買してくれる固定客を増やすことが基本です。

3 顧客満足経営の新原則

顧客満足経営の新原則としてホスピタリティ、エンターテインメント、プリヴァレッジが必要だと提唱されています。

❶ ホスピタリティ…もてなしの精神で接客サービスを行う

❷ エンターテインメント…感動を与え楽しい買い物を演出する

❸ プリヴァレッジ…顧客を特別な存在として扱い、特別待遇されている意識を感じさせる

顧客満足経営のひとつの手法として、顧客が買上商品に満足できないときに無期限で返品交換に応じる満足保証付きサービスをつけることがあり、ギャランティード・サティスファクションと呼ばれています。

👑加点のポイント 顧客満足経営の新原則

ホスピタリティ、エンターテインメント、プリヴァレッジが顧客満足経営の新原則です。

第4章 マーケティング

顧客維持政策とフリークエント・ショッパーズ・プログラム

頻出度
A

🔩 重要ポイント

☑ フリークエント・ショッパーズ・プログラム（FSP）とは、多頻度で買い物をする優良顧客に差別化したサービス・商品を提供することで、より固定客化を促進する顧客戦略のことである

☑ 長期的に収益性の高い経営を実現するためには、少ないコストで売上につながる固定客を増やすことがポイントであり、そのためには顧客管理を整備することが必要

1 顧客管理の背景と顧客維持

　経営目標が売上から収益性となったことで顧客管理の必要性が高まりました。実務的にはデータベースシステムの進化により、低コストで精度の高い顧客管理が可能になってきました。

　顧客データベースをもとに、顧客の属性や、購買行動、固定客としての売上貢献度合いなどを分析することにより、より頻繁に購買してもらうための顧客ニーズに基づいたマーケティングが可能になります。

2 FSP（フリークエント・ショッパーズ・プログラム）とは

　アメリカン航空の「フリークエント・フライヤーズ・プログラム」が発祥であり「マイレージポイントによる特典の提供」によってサービス利用が多頻度化しました。これをヒントとして、小売業用に展開したものがFSPで、単なる割引ポイントカードとは基本的な考え方が違っています。

3 FSPの考え方

　長期的な視点で顧客にサービスを多頻度利用してもらうことを目的として、優良顧客に対して差別化したサービスを提案するもので、原則として誰でも参加できる単なる割引のポイントカードとは基本的な考え方が違っています。

4 FSPの目的と必要性

　FSPは「上位2割の多頻度購買客が、店の8割の利益をもたらしている」という法則（2：8の法則）に基づき、顧客のつなぎとめと、さらなる多頻度利用の促進による安定経営を目指すものです。競争の激化により初期購入客を増加させるコストが増大する中で、顧客の固定化を推進するためにも FSPは必要です。

FSP の考え方

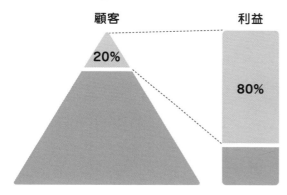

顧客

利益

20%

80%

上位20%の顧客が
利益の80%を
もたらしている

↓

上位20%の顧客に
より高いサービスを提供
してもっと利用してもらう

5 FSPのねらい

　「誰が頻繁に来店・購買しているのか」「優良顧客はどんなものを買っているのか」を把握します。それにより、一人ひとりの「個客」について知ることができ、優良「個客」に多頻度で来店してもらい、かつ、継続的に良好な関係づくりができるようになります。

6 FSP導入の流れ

　データベースの元データ収集のために、会員カードを発行し、個人情報と購買履歴をデータベース化し、データをもとに差別化されたサービスを提案、結果を検証します。

❶ 会員カードの発行による顧客データの収集

　ポイントに応じて、特典商品や、値引き利用を可能とします。

第4章 マーケティング

139

❷ 顧客データを活用した上位顧客の割り出し

　購買データランキングにより、上位顧客の割り出し、固定期間の割り出し、新規客率の把握を行います。

戦略的な顧客維持戦略の仕組み

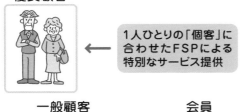

優良顧客

1人ひとりの「個客」に合わせたFSPによる特別なサービス提供

一般顧客

会員

ポイントカードによるサービス提供や、会員特別セールの開催など

👑 加点のポイント FSPとは

FSPは多くの売上を生み出す少数の優良顧客との関係を強固にすることで収益の安定性を高める仕組みです。

Section 4

商圏の設定と分析

頻出度
A

✿ 重要ポイント

☑ 商圏とは、地域の消費者が買い物のために来店する地理的な距離と時間的な範囲のことである

第4章　マーケティング

1 商圏とは

　商圏とは、「小売店舗、商店街やショッピングセンターなどの商業集積における顧客吸引力の及ぶ地理的あるいは時間の広がり」のことで、「地域の消費者が買い物のために来店する地理的距離、時間的範囲」のことです。商圏範囲の特定や設定には、来店客などに対するアンケート調査や、ライリーの法則という統計モデルによる推測が活用されます。

　コンビニエンスストアの商圏はだいたい500m圏内です。商圏は人口に対する来店者の比率やその来店頻度により「第1次商圏」「第2次商圏」「第3次商圏」に区分されます。例えばスーパーマーケットの場合、自動車での来店を考えると「第1次商圏：5分以内」「第2次商圏：10分以内」「第3次商圏15分以内」と設定されます。

商圏の区分

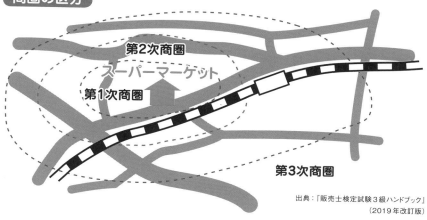

出典：『販売士検定試験3級ハンドブック』
（2019年改訂版）

2 商圏の種類

商圏は集客の中心が商業集積の何によるものかで大きさが異なります。

❶ 小売店の単独商圏

コンビニ、スーパーマーケットなどの商圏です。約500m、徒歩5分程度の範囲で、自店の来店客の居住範囲、職域の範囲です。

❷ 商業集積の商圏

商店街、ショッピングセンターの商圏は、その規模や核店舗となる大型店の集客力に左右されます。中規模の百貨店、総合品ぞろえスーパーを核店舗とした1〜3万m²のショッピングセンターの場合、商圏は約5〜10kmくらいの範囲になります。

❸ 都市の商圏

都市の商圏とは、周辺都市からの顧客吸引力が及ぶ範囲のことです。人口、商店数、産業構造に大きく左右されます。例えば県庁所在地であれば20〜50kmくらいの範囲で、商圏の設定には都道府県が実施する広域商圏調査や経済産業省の商業統計調査が活用されます。

3 商圏の推測に役立つ考え方

商圏の推測には、理論的な推測モデルと各種調査データが利用されます。

❶ ハフモデル

消費者がその店舗で買い物をする確率は、売場面積に比例し、店舗までの距離に反比例するという考え方です。

❷ ライリーの法則

商圏範囲を設定するための統計モデル。都市Aと都市Bの中間にある都市において商品を購入するために都市Aや都市Bに流れる小売取引の比率は、都市の人口の比率に比例し、都市と都市の距離の二乗に反比例するという法則(ライリーとは、アメリカの経済学者の名前)です。

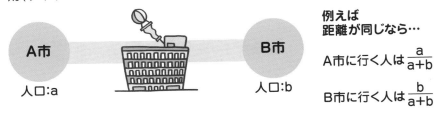

例えば
距離が同じなら…

A市に行く人は $\dfrac{a}{a+b}$

B市に行く人は $\dfrac{b}{a+b}$

A市　人口:a

B市　人口:b

❸ 来店客や来街者などに対するアンケート調査

　自店や自店が属する地域に訪れる人が、どこに住んでいるのかを調査することで、商圏を推測する方法です。

❹ 幼年人口、生産年齢人口、老年人口

　国勢調査などで用いられる人口区分の考え方で、0～14歳までを幼年人口、15～64歳までを生産年齢人口、65歳以上を老年人口といいます。

❺ ポイントカード等の会員データの分析

　利用頻度や購入商品等を分析することで、商圏範囲だけでなく、商圏の特性についても推測をすることができます。

❻ 商業力指数

　都市の小売販売額を都市の行政人口で割った数値を、都道府県の小売販売額を都道府県の行政人口で割った数値で割り算した値に100を掛けたもので、この比率が100を上回ると、周辺都市から顧客を吸引していることになります。

$$\text{商業力指数} = \frac{\dfrac{\text{都市の小売販売額}}{\text{都市の行政人口}}}{\dfrac{\text{都道府県の小売販売額}}{\text{都道府県の行政人口}}} \times 100$$

❼ 昼夜間人口比率

　昼間人口÷夜間人口×100で計算し、その地域が職域活用と居住域活用のどちらなのかを判断する指標です。

4 商圏の特性の3つの要素

　商圏の特性は以下の3つの要素で考えられます。
❶ 地域の歴史と風土
❷ 人口構造
❸ 産業構造

👑 加点のポイント　商業力指数の見方

商業力指数が100を上回ると、周辺から顧客吸引していることになります。逆に100を下回っていれば、他の都市に顧客が流出していることがわかります。

立地条件と出店の基本知識

✿重要ポイント

☑ 小売業は立地産業であり、立地によって成否が大きく分かれる

小売業の継続的な成長のためには、出店戦略が必要不可欠である

---

1 立地のとらえ方と小売店経営

　小売業は立地に始まり立地に終わるビジネスです。成否を分ける立地戦略は企業戦略と一致するかどうかがポイントとなります。

立地戦略の3つの要素

1 採算性、店舗規模に合った立地特性

2 企業理念、経営戦略との合致

3 ストアコンセプトの確立

2 立地の決定要因

　立地の決定要因は、集客力と採算性です。

❶ 集客力

　ターゲット層の人が多く集まる場所に出店します。

❷ 通行量

　一般的には、通行量が多いほどよいとされています。

❸ 環境

　居住者のライフスタイルや収入、商圏内の人口動態などの地域の特性を考慮します。

❹ 出店コスト

用地の取得費用や建設にかかわる費用が予算内に収まるかを検討します。

❺ 歴史

東京であれば銀座や秋葉原など、地域ごとに定着しているイメージが異なります。出店する店舗のイメージに合っているかも重要なポイントになります。

3 立地選定の手順

立地の選定は、まずマクロレベルの分析で判断し、各件に合うものの中で、ミクロレベルの分析で判断をします。

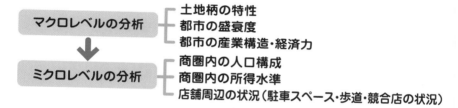

立地選定の手順

マクロレベルの分析
- 土地柄の特性
- 都市の盛衰度
- 都市の産業構造・経済力

ミクロレベルの分析
- 商圏内の人口構成
- 商圏内の所得水準
- 店舗周辺の状況（駐車スペース・歩道・競合店の状況）

4 出店のねらいと原則

出店のねらいには、「有望エリアへの出店による売上高の拡大」「真空エリア（無競争地域）への出店による新たな市場の拡大」「既存エリアへの集中的・継続的出店によるドミナント（優位性）形成」などがあります。必須事項は以下の4点です。

❶ 経営戦略との一体化と整合性を図る
❷ 出店エリア・出店形態の確定
❸ 必要商圏人口の設定
❹ 業種・業態に合った立地選定

5 出店適合性の検討

ビジネスとして成立する規模の売上、利益、キャッシュフローが得られるかが出店適合性のポイントです。

❶ マクロ的視点からの分析

人口統計、商業統計調査（経産省）、広域商圏調査（都道府県）などの分析

❷ ミクロ的視点からの分析

商圏規模、競争の状況などの分析

❸ AI（人工知能）による分析を予測

最近では、周辺人口や通行量、学校や病院の数などのデータをAIが分析し、店舗売上高を予測する試みが行われています

6 商業施設への出店

集客力の確保のためには、既存の集客力のある商業施設への出店が有効です。

❶ 駅ビル・地下街など交通拠点に立地する商業施設への出店

❷ 大型スーパーマーケットなど核店舗となる商業施設への出店

❸ 百貨店が核店舗となる商業施設への出店

❹ カテゴリーキラーの集合体であるディスカウント系商業施設への出店

 加点のポイント　立地戦略の策定

立地の選定にはストアコンセプトの確立が重要です。例えば、「気軽に買い物できる価格帯の衣料品店」というコンセプトなら、オフィスビルが建ち並ぶ商業地域より住宅街の近くの方が適していると考えられます。

販売促進策の種類

頻出度

A

✿ 重要ポイント

☑ 販売促進とは、顧客に働きかけて売上を上げるための活動のことである

☑ 小売業が展開する販売促進策には大きく、プル戦略（来店促進策）、プッシュ戦略（販売促進策）、プット戦略（購買促進策）の3つがある

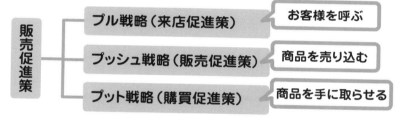

第4章 マーケティング

1 販売促進策

小売業が展開する販売促進策は、大きく以下の3つに分類されます。

❶ アトラクティブプロモーション（来店促進策）

広告（店外広告、店内広告、直接広告）、パブリックリレーションズ、パブリシティ、口コミ、ポスティングなどが当てはまります。これらは自店へ顧客を誘引するために行われるものでプル戦略とも呼ばれます。

広告は費用を支払ってプロモーションを行うことで、パブリシティは新聞など第三者報道機関に取り上げてもらう公共的広告で、原則として費用は発生しません。

❷ インストアプロモーション（販売促進策）

季節に応じたイベントや催事の開催など、店内で行われる販売促進策のことで、プッシュ戦略とも呼ばれています。インストアプロモーションは、顧客に対して従業員が直接、情報提供や提案を行う人的販売と、人手を介さない非人的販売に分けられます。

① 人的販売…推奨販売、デモンストレーション販売、タイムセール、カウンセリング販売、実演販売、イベント、キャンペーン、コンテスト、展示会、見本市
② 非人的販売…プレミアム（購入のインセンティブとして提供される景品）、値引き、スタンプ、ポイント、ノベルティ、サンプル提供

❸ インストアマーチャンダイジング（購買促進策）

　商品を顧客の意思で手に取ってもらうための購買促進策のことで、プット戦略とも呼ばれています。スムーズにショッピングができるよう導線を整えたり、商品を比較しやすくディスプレイしたり、商品を魅力的に見えるように照明などの演出を工夫したりすることです。具体的な分類としては、以下のようなものがあります。

　フロアマネジメント（ゾーニング、レイアウト）、シェルフマネジメント（ディスプレイ、棚割）、イメージアップ（演出、提案訴求）

広告の種類と特徴

種類	広告の具体例	一般的な特徴
マスメディア広告	新聞や雑誌広告などの印刷媒体、テレビやラジオ広告などの電波媒体	様々な地域に住んでいる多くの人に同時に情報を伝えることができる
インターネット広告	バナー広告、ネットCM、リスティング広告（検索エンジンの検索結果ページにテキスト広告を表示する方法）など	クリック数などがダイレクトにわかるため、マスメディア広告より効果検証がしやすい
交通広告	電車内の中吊り広告、駅貼りポスター、駅構内ボードなど	エリアを限定して宣伝ができるので、マスメディア広告を補完する媒体として使用されている
ダイレクトメール	ターゲット顧客の自宅や事業所にはがきや封筒で直接郵送する広告	具体的な個人を対象に広告を送付できる
チラシ広告	新聞の折り込み広告やポスティング広告、街頭で配布されているフリーペーパーなど	サイズやデザイン、配付するエリアなどを自由に決められる
屋外広告	ネオンサインや野立て看板、アドバルーンなど	交通広告と同様、エリアを限定して宣伝できる
店内広告	売場や店内での商品説明のために陳列棚や商品付近につけられたPOP広告など	店頭での商品認知につながり、顧客の購買意欲の後押しができる

マルチメディア時代の販売促進

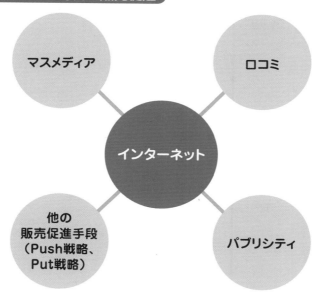

今日の販売促進は、インターネットを介在して
複雑に組み合わされている

リージョナルプロモーションの体系

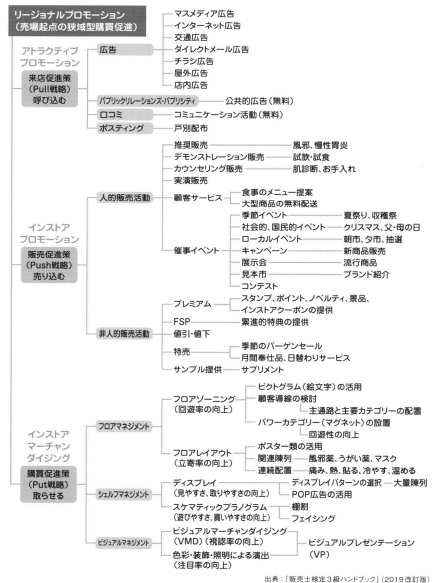

リージョナルプロモーション
（売場起点の狭域型購買促進）

- **アトラクティブ**
  プロモーション
  - **来店促進策**
    （Pull戦略）
    呼び込む
  - 広告
    - マスメディア広告
    - インターネット広告
    - 交通広告
    - ダイレクトメール広告
    - チラシ広告
    - 屋外広告
    - 店内広告
  - パブリックリレーションズ・パブリシティ —— 公共的広告（無料）
  - 口コミ —— コミュニケーション活動（無料）
  - ポスティング —— 戸別配布

- **インストア**
  プロモーション
  - **販売促進策**
    （Push戦略）
    売り込む
  - 人的販売活動
    - 推奨販売 —— 風邪、慢性胃炎
    - デモンストレーション販売 —— 試飲・試食
    - カウンセリング販売 —— 肌診断、お手入れ
    - 実演販売
    - 顧客サービス
      - 食事のメニュー提案
      - 大型商品の無料配送
    - 催事イベント
      - 季節イベント —— 夏祭り、収穫祭
      - 社会的、国民的イベント —— クリスマス、父・母の日
      - ローカルイベント —— 朝市、夕市、抽選
      - キャンペーン —— 新商品販売
      - 展示会 —— 流行商品
      - 見本市 —— ブランド紹介
      - コンテスト
  - 非人的販売活動
    - プレミアム
      - スタンプ、ポイント、ノベルティ、景品、
        インストアクーポンの提供
    - FSP —— 累進的特典の提供
    - 値引・値下
    - 特売
      - 季節のバーゲンセール
      - 月間奉仕品、日替わりサービス
    - サンプル提供 —— サプリメント

- **インストア**
  マーチャン
  ダイジング
  - **購買促進策**
    （Put戦略）
    取らせる
  - フロアマネジメント
    - フロアゾーニング
      （回遊率の向上）
      - ピクトグラム（絵文字）の活用
      - 顧客導線の検討
        - 主通路と主要カテゴリーの配置
      - パワーカテゴリー（マグネット）の設置
        - 回遊性の向上
    - フロアレイアウト
      （立寄率の向上）
      - ポスター類の活用
      - 関連陳列 —— 風邪薬、うがい薬、マスク
      - 連続配置 —— 痛み、熱、貼る、冷やす、温める
  - シェルフマネジメント
    - ディスプレイ
      （見やすさ、取りやすさの向上）
      - ディスプレイパターンの選択 —— 大量陳列
      - POP広告の活用
    - スケマティックプラノグラム
      （遊びやすさ、買いやすさの向上）
      - 棚割
      - フェイシング
  - ビジュアルマネジメント
    - ビジュアルマーチャンダイジング
      （VMD）（視認率の向上）
      - ビジュアルプレゼンテーション
        （VP）
    - 色彩・装飾・照明による演出
      （注目率の向上）

出典：「販売士検定3級ハンドブック」（2019改訂版）

150

2 POP広告

POP広告とは「Point of Purchase」広告の略で、顧客が購買する時点における広告、つまり売場の広告のことです。商品を売る場所に掲示し、訴えかける広告であるため、売上アップに直接的に貢献するものであり、客単価を上げるための手段です。

POP広告は"物言わぬ案内役"として販売員の役目を果たすので、特にセルフサービス販売の売場において重要であり、買ってもらう気持ちにさせるような用途や効能を重視したコピー（言葉）を考えるべきです。

顧客がPOP広告を読む時間はせいぜい5秒までといわれています。そのわずかな時間に対象となる商品の購買ポイントを訴求し、印象づける必要があります。

売上高増におけるチラシ広告とPOP広告の関係

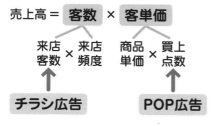

 加点のポイント プルとプッシュ

プルは客を引き寄せる（呼び込む）、プッシュは客の元へ行く（売り込む）ということを意味します。

Section 7

インバウンド（訪日外国人に対するプロモーション）

頻出度 A

★★★

> ### ✿重要ポイント
>
> ☑ 訪日外国人（インバウンド）をターゲットとしたマーケティングは、人口減少が進む日本においてとても重要
>
> ☑ SNSを含むデジタルマーケティングと口コミ、多言語化対応、海外クレジットカード決済対応、日本ならではの体験などが客単価の高いリピーターにつながるため、しっかりとしたセグメンテーションやターゲティングと、決めたターゲットに対する体験型の観光コンテンツの準備が重要

1 訪日外国人の増加とショッピングツーリズム

　訪日外国人旅行のことを、日本の側からみた場合にインバウンド旅行といいます。訪日外国人は増加傾向（約3,120万人：2018年調査）にあり、彼らを対象とした売上は無視できない規模となっています。

　買い物を目的とした観光（ショッピングツーリズム）も増加しており、家電、化粧品、食料品などを中心に売上が拡大しています。

　今後は、海外の富裕層などもターゲットとして長期滞在型や付加価値の高いサービスで客単価をあげていくことが求められています。

2 訪日ゲスト向けのマーケティングとセグメンテーション、ターゲティング

　訪日ゲストについては、初来日とリピーター、団体旅行と個人旅行などの視点でセグメンテーションが可能であり、それぞれ細分化した市場への経営資源の集中（ターゲティング）により、付加価値の高いマーケティングが可能になります。

　設定したターゲットに対する言語サポートや宗教、人種対応などは必須です。

3 訪日ゲストに対するポジショニングとマーケティング・ミックス

観光庁が打ち出した、「日本を旅行することでしか得られない3つの価値」をヒントに日本人の生活や歴史・文化に関連することが重要です。

❶ **日本人の神秘的で不思議な気質にふれることができる**

❷ **日本人が細部までこだわり抜いた作品に出会える**

❸ **日本人の普段の生活にあるちょっとしたことを経験できる**

訪日ゲストに対して、小売業の4Pを組み合わせたマーケティング・ミックスを行う際には次のことを考慮に入れます。

・商品

　日本にしかない限定性の高い商品提供

・価格

　消費税免税の活用（免税店許可を受ける）、免税シンボルマークの店頭提示

免税シンボルマーク

・プロモーション

　SNSを含むデジタルマーケティングの活用と、多言語対応により、口コミでの拡散などを見込む

・受入環境準備

　海外のクレジットカードの決済対応、スマートフォンの通信環境整備、接客要員、店内表示等の多言語対応

加点のポイント　インバウンド対応のポイント

実際にインバウンド旅行者が多い都市などに行き、その対応を見ることで、これからのインバウンドに必要なことが、肌で理解できます。

頻出度 **A**

売場の改善と改革

✿重要ポイント

- ☑ 売場の改善は売上効率の向上、改革は長期的な利益向上のことである
- ☑ 売場の形態は、対面販売方式、セルフ販売方式、セルフセレクション方式の3つに分かれる
- ☑ 店舗の活性化を図るために小規模なリニューアル（部分改装）では魅力が保てない場合には、リモデリング（全面改装）を行う

1 売場の改善と改革

　売場の改善とは、日常業務を見直して売上効率の向上を図ることであり、改革とは、長い視点で考えて利益の向上を目指すことです。

2 売場の形態

　売場の形態を知って、売場づくりの基本パターンを理解しましょう。

対面販売	店のメリット	常に店員がいるので、管理状態がよい
	顧客のメリット	専門的なアドバイスが受けられる
セルフ販売 （出口一括集中レジ方式）	店のメリット	少数の販売員で人件費を低くできる
	顧客のメリット	店員に気兼ねなくスピーディに選べる
セルフセレクション方式 （商品別の売場ごとにレジを設置して側面販売も行う）	店のメリット	セルフのよさと対面のよさの両方が発揮できる
	顧客のメリット	自由に選べて、店員にも気兼ねなく不明点を聞くことができる

3 売場づくりの手順

　店舗開発は次の9つのステップで進められる。

❶ ポジショニングの設定…商圏の中で自店が果たす役割を設定する

❷ ストアコンセプトの確定…商圏内の誰をターゲットとし、どんなニーズに応えるかを確定する

❸ ストアデザインの描写…店舗の完成イメージをつくる

❹ 商品政策の確立…顧客ニーズを前提とした商品の品ぞろえを設計する

❺ 導線計画の立案…顧客に店舗内をどのように回遊させるかを立案する

❻ ゾーニングの構築…導線計画に沿った、商品群ごとの配置を決める

❼ レイアウトの設計…実際の図面に通路、商品ゾーニング、什器などを落とし込んでいく

❽ スペースマネジメント…ゴンドラ単位で売上、利益予算をつけ、具体的商品を決める

❾ プラノグラム（棚割）の決定…ゴンドラごとの最適な商品ディスプレイ方法について決める

4 店舗の活性化

　小売業の店舗は、お客様から見て古臭い、他店よりも魅力がないというイメージをもたれると直接的に売上が下がるという影響が出ます。このため、意図的に店舗を部分的に改装してリニューアルする必要があります。しかし、部分的な改装といった対応では魅力を維持できない場合もあるため、ただ単に売場を改装するのではなく、まったく新しいコンセプトで新業態として業態転換するために全面改装するリモデリングという手法をとることもあります。

加点のポイント 売場の形態

対面販売はブランド衣料品などの高級品に、セルフ販売はスーパーなど日用品に、セルフセレクション方式はカジュアル衣料品などに対して行われることが多い方法です。

照明の基本

⚙重要ポイント

☑ 照明には、「来店促進を図る」「購買促進を図る」という2つの機能がある

☑ 光源の種類によって、適した用途や与える印象は異なるため、演出効果を高めるには光源の種類を上手に選択する必要がある

☑ 店舗で使用光源としてLEDが増えている

---

1 照明の機能

　照明の主な機能としては集客し、買いやすくすることです。

❶ 来店促進を図るため、小売店を目立たせ、店格、店舗イメージを表す

❷ 購買促進のため、商品価値や情報を正しく伝達し、商品を見やすくし、店内および各売場を演出し、店内の隅々まで回遊させる

2 照明の方法

　照明の方法と名称は、しっかり整理して覚えましょう。

❶ 直接照明…光源のほとんどが直接、または床面や商品陳列面を照射する方式です。最寄品を扱う店の全般照明に使われています。

❷ 半直接照明…直接照明にルーバーや下方向の透過性に優れたアクリル板などのカバーを取り付けたもので直接照明よりやわらかい光が特徴です。百貨店や専門店が採用しています。

❸ 間接照明…建物の壁や天井に光源を埋め込み、反射する光によって明るさを出す照明方式です。高級感やムードを出すことができるため、高級飲食店などで採用しています。

❹ 半間接照明…天井や壁面の反射光の多い方式で、ブラケット照明やペンダント照明などがあります。高級専門店などでよく見られます。

❺ 全般拡散照明…光が全般にいきわたる方式で、シャンデリアやバランス・ライトがあり、間接照明と併用して採用しています。高級専門店・喫茶

店などで見られます。

照明の方法

❶直接照明
上方
0〜10%
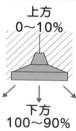
下方
100〜90%

❷半直接照明
10〜40%
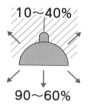
90〜60%

❸間接照明
90〜100%

10〜0%

❹半間接照明
60〜90%

40〜10%

❺全般拡散照明
40〜60%
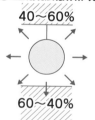
60〜40%

出典：『販売士検定試験3級ハンドブック』（2019年改訂版）より作成

3 場所別の照明

　顧客が気持ちよく店内を回遊するにはバランスのよいライティングが効果的です。

❶ **陳列棚の照明**…明るさの目安は、店内全般の1.5〜2倍です。重要商品にはスポットライトなどの重点照明器具を使ってアクセントをつけます。

❷ **ショーウインドウの照明**…ショーウインドウ内部の照度を高くすることでガラス面の反射を防ぎ、注目度を高めます。

❸ **壁面の照明**…奥の壁面を売場の2〜3倍の明るさにすると、店内が広く感じられます。特に目立たせたい壁面はバックライトを使用します。

❹ **店内設備の照明**…トイレは、昼光に似た色光の蛍光灯（D-SDL、W-SDL）

の使用が望ましいとされています。非常口は、直接照明とし、避難等に支障がないように、最低1ルクス（蛍光灯照明では2ルクス）を確保します。

4 光源の種類と特徴

基本的な光源と内容を理解しておきましょう。

❶ 白熱灯…集光性、配光性、光源の輝度、方向性などに優れており、効果的な陳列に適しています。

❷ 蛍光灯…拡散性、寿命や効率は優れており、店内全体を明るくするのに適しています。発光の仕組みは、紫外線によって発光物質を光らせるというものです。

❸ 高輝度放電灯（HIDランプ）…水銀灯、メタルハライドランプ、高圧ナトリウム灯など、強い光を出す光源です。

❹ LED…省電力、長寿命、紫外線が少ない等メリットが多い光源です。また、低温でも点灯しやすく冷凍食品の売場で活用されています。

光源の種類

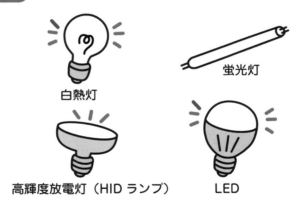

白熱灯

蛍光灯

高輝度放電灯（HIDランプ）

LED

 加点のポイント **色温度と演色性**

色温度とは光の色を表す値で、色温度の高さにより赤→白→青と変化します。単位はK（ケルビン）です。演色性とは、物の本来の色をいかに忠実に表現するかという指標で、100に近いほど正しく表現されます。

ディスプレイ効果を高める 色彩の活用

頻出度
A

✿重要ポイント

☑ 店舗における色彩計画は、店舗空間の演出、陳列効果の向上のための手法として重要な役割を果たす

☑ 色彩が人間に与える物理的・心理的・生理的な特性を利用し、快適な店舗イメージを表現する

1 色彩計画の必要性

色彩計画は正確な知識をベースに行います。

❶ **カラーコンディショニングのさまざまなメリット**

・店舗イメージを望ましい方向に形成でき、顧客を誘導することができます。

・販売活動や作業効率を高めることが可能となります。

・店舗の個性を印象づけることができ、商品の陳列効果も高めます。

・事故を防ぎ、安全を保つ効果があり、建物や設備などの保持に役立ちます。

❷ **商品の背景の色彩選択のポイント**

・背景の色は商品の色より、明るさ、鮮やかさが弱い色が基本です。

・補色は背景の色としては不向きです。

・色の境を白いラインで区切ると鮮明度が増します。

・商品と同系色で、明度が低い色がマッチします。

・多彩な色をもつ商品の背景は、寒色で明度・彩度の低い色が無難です。

❸ **店舗の色彩間の調和の手法**

・まず、ベースとなる色を決めます。

・外装の色彩は店舗の性格を表現し通行人にアピールできるものにします。

・床と天井の色は対比させ、均衡のとれた色を決めます。

・壁面は、統一性をもたせる必要があります。

・什器は、内装との色彩が合わないものは避けます。

・外装の色彩と、店内の色彩との調和を考えます。

第4章

マーケティング

　有彩色には、色相、明度、彩度の3つの属性があります。オレンジ、黄色、赤などの暖色と青紫、青、青緑などの寒色、緑や黄緑、紫のような中性色があり、暖色は興奮色、寒色は沈静色ともいわれます。

色の特性

有彩色	暖色	興奮色ともいわれ、火や太陽を連想させる赤を中心に、赤紫、黄など彩度が高いと派手な印象に、明度が高いとやわらかい印象になる
	中性色	黄緑、緑、紫のように暖かくも寒くも感じない
	寒色	沈静色ともいわれ、水や空を連想させる青緑、青、青紫など彩度が高いと鮮やかな印象に、明度が高いと軽い印象になる
無彩色	白	無彩色の白は基本的には冷たく、さびしい性質 デリケートな青い光を照射するとより美しく見える 他の色に混ぜると、明度を上げ、彩度を下げる
	灰色	他の色に影響を与えず、色相の色をそのままの価値で表現できる 濃い灰色は商品を引き立てず背景色には向かない
	黒	人を引き付ける力は弱いが、他の色（商品）を引き立たせる 熱を吸収し、売場の温度を上げる 光を吸収するため、他の色よりも強い光が必要である 他の色に混ぜると、明度を下げ、彩度を下げる

3 進出色と後退色

　進出色は前に飛び出して見える色で、後退色は引っ込んで見える色です。暖色系は膨張して進出し、寒色系は収縮して後退する性質をもっています。

4 補色と準補色の陳列

　補色は色相環で向かい合った位置にあり、最も離れた色同士です。補色は色相の差が大きく、お互いが強く自己主張し合う色であるため、色彩感覚がよくないと効果的な配色は難しいといわれます（準補色は補色の手前の関係です）。

5 色彩を活用する基本的なポイント

店舗のムードをつくる色彩は、基本的には数多く色相を使わないことがポイントです。

- ・集視ポイントでは季節感を表す色を活用します。
- ・床の明度を低くし、次に壁面、そして天井という順に明るくすると安定します。
- ・売場や陳列でボリューム感を強調したいときは、同色・同系色でまとめます。

6 店舗内色彩のポイント

- ・天井の色は、反射率の高い色を使用します。
- ・壁の色は、淡い色を使います。
- ・床の色は、反射率が低く、あまり濃くない色を使います。

★ 加点のポイント 色彩の活用

店舗で使用されている色には理由があります。色彩のもつ効果について問われていますので、用語の名称だけにとらわれずに、効果や特性を理解しておきましょう。

第4章

理解度チェック
○✕ 一問一答

Q1 パブリシティは有料でマスメディアに自社のサービス・商品を紹介する
☑☑ 手段である。

Q2 セルフ販売方式は、自分でさっと商品を選びたい顧客に適している。
☑☑

Q3 対面販売方式は、専門的な説明が必要な商品の販売には向いていない。
☑☑

Q4 FSPにおいて「上位2割の優良顧客で、店舗全体の8割の利益をもたらす」
☑☑ という考え方は、「2：8の法則」と呼ばれる。

Q5 商品を引き立たせるためには、背景の色使いを商品よりも明度や彩度が
☑☑ 低い色を使うと効果的である。

Q6 プル戦略とは、個人向け訪問販売や、法人営業のように、積極的に営業
☑☑ をかけるマーケティング戦略である。

Q7 効果的な立地選定のためには、店舗周辺の状況や競合店などミクロな調
☑☑ 査を行い、その後、近隣の所得水準や、周辺地域の土地柄などマクロな
分析を行っていくとよい。

Q8 顧客を会員化する目的は、新規顧客との取引よりも固定客との継続的な
☑☑ 取引の方が高い収益性が得られるからである。

Q9 照明は顧客の来店促進や、店舗内の快適なイメージ形成に効果を発揮する。
☑☑

Q10 商業力指数が100を下回ると、その地域は周辺地域から顧客を吸収し
☑☑ ていることになる。

A1 ✕ パブリシティは無料でマスメディアに自社のサービス・商品を紹介する手段である。無料であるがゆえに、取材側の判断で評価された情報が紹介されるため、良い評価だけでなく悪い評価で紹介されるリスクもある。

A2 ◯ セルフ販売方式は、日用品など、自分でさっと商品を選びたい顧客に適している。

A3 ✕ 対面販売方式は、専門的な説明が必要な商品の販売に適している。

A4 ◯ 「2：8」の法則に基づくと、上位2割の優良顧客をつなぎとめておくことが店舗の利益に大切であることがわかる。FSPは、その他の顧客よりもハイレベルなサービスを提供することで、優良顧客の満足度を高めることを目的としている。

A5 ◯ 商品よりも明度や彩度が低い色を背景に使うと、商品を引き立たせる効果がある。

A6 ✕ プル戦略とは、広告やダイレクトメール、インターネットなどを活用して、見込み客に店舗やウェブサイトに来てもらうことを中心とする戦略である。

A7 ✕ 効果的な立地選定のためには、まず近隣の所得水準や、周辺地域の土地柄などマクロな分析を行い、魅力的な立地であることが明確になってから店舗周辺の状況や競合店などミクロな調査を行う方が効率的かつ効果的である。

A8 ◯ 新規顧客の獲得には高いコストがかかるため、一度顧客になった顧客を会員化して固定客に育て継続的な取引をつくり上げていく方が高い収益性が得られる。

A9 ◯ 店舗のコンセプトや場所の特性に合わせて照明を行うことで顧客の来店促進や、店舗内の快適なイメージ形成に効果を発揮する。

A10 ✕ その地域が周辺地域から顧客を吸収している場合は商業力指数が100を上回る状態になる。

Q11 小売業のマーケティングは自社の顧客シェアを拡大するために行われる。
☑ ☑

Q12 小売業のプライスはエブリデイフェアプライスと呼ばれ、地域の違いによらず毎日、同じ価格で販売することを示す。
☑ ☑

Q13 顧客満足経営の新3原則とは、ホスピタリティ、エンターテインメント、プリヴァレッジである。
☑ ☑

Q14 集中レジは、対面販売に適したレジ配置の方法である。
☑ ☑

Q15 非人的販売であるプレミアムには、商品自体に添付され、購入者全員が公平に受取ることができるベタ付け景品や、商品の購買とは関係なく、応募すれば抽選で景品がもらえるオープン懸賞などがある。
☑ ☑

Q16 暖色系は、収縮して見え、寒色系は膨張して見える性質を持つ。
☑ ☑

Q17 訪日ゲストが免税販売を行っている店を識別しやすくなることを目的に、免税店シンボルマークが定められている。
☑ ☑

Q18 小売業のマーケティングでいうプロダクトとは、商品の選定、効果的な組み合わせ、数量の決定などをするマーチャンダイジングを指す。
☑ ☑

Q19 POP広告とは、楽しい印象の広告のことである。
☑ ☑

Q20 販売促進とは、顧客に働きかけて売上を上げるための活動の総称である。
☑ ☑

A11 ○ 自社の商品シェアやブランドシェアを拡大する製造業と違い、小売業のマーケティングは自社の顧客シェアを拡大するために行われる。

A12 × エブリデイフェアプライスは、商圏の特性や地域の経済状況、競合店の売価などを考慮に入れ、地域ごとに公正な売価を設定することである。よって、地域によらず同一価格で販売するという記載は誤りである。

A13 ○ 顧客満足経営の新3原則とは、ホスピタリティ、エンターテインメント、プリヴァレッジである。なお、プリヴァレッジとは、購入金額の多い顧客などに対して、一般の顧客とは異なる特別な待遇をすることである。

A14 × 集中レジは、セルフ販売に適したレジ配置の方法である。

A15 ○ 非人的販売にはプレミアムの他に、値引・値下やサンプル提供がある。一方で、人的販売には実演販売や催事イベントなどがある。

A16 × 暖色系は膨張して見え、寒色系は収縮して見える性質を持つ。

A17 ○ こうした訪日ゲストに対する価格政策の他に、決済対応・通信環境の整備などさまざまな受け入れ環境の準備が進められつつある。

A18 ○ 小売業のマーケティングでいうプロダクトとは、商品の選定、効果的な組み合わせ、数量の決定などをするマーチャンダイジングを指す。なお、メーカーのマーケティングでいうプロダクトとは、製品化計画（プロダクトプランニング）のことであり、小売業とは異なる。

A19 × POP広告とは、販売時点で最終的に購入を決断させるための広告のことで、商品のすぐそばに掲載して購買を促すものである。

A20 ○ 設問のとおりである。なお、販売促進策はプッシュ戦略とも呼ばれる。それに対し、購買促進策はプット戦略と呼ばれ、顧客自身が自己の意思で商品を買いたくなるようなしかけのことである。

マーケティングリサーチ

店長

> 今回のマーケティング企画、面白そうだったんだけど効果が出てないなあ…。

> 期間を延ばせばきっと効果がでるはずです。あとは、もう少し人手も増やして盛大に…。

新人

店長

> うーん。コストをかける前に、もう一度マーケティングリサーチから見直した方がいいかもね。

時間やお金をかけてマーケティング活動を実行しても、方向性が間違っていれば思うように成果が上がりません。その方向性を決めるために行われるのがマーケティングリサーチです。

■ マーケティングリサーチとは

　本章で説明してきたように、小売業には顧客のニーズを正確に捉え、それを満たすためのマーケティング活動が欠かせません。

　しかし、店舗で接客をしているだけでは顧客のニーズなどを十分に把握することは困難です。そうした、マーケティング活動を行う際に、その意思決定をサポートするような科学的な調査や分析がマーケティングリサーチです。

　なお、Section 4（141ページ）で説明した商圏の分析もマーケティングリサーチのひとつです。

マーケティングリサーチの重要性

例）小売業の4P理論の「プライス」（135ページ）
　　についてマーケティング施策を考えるとき

マーケティング
施策の有効性

	商圏内の住民に対するアンケート調査
	商圏内の住民の収入の状況
	商圏内の住民の家族構成
他店の商品価格のデータ	他店の商品価格のデータ
自店の商品の売上状況	自店の商品の売上状況	自店の商品の売上状況

よい情報を入手することで、マーケティング施策の有効性が高まる

これらの情報を精度高く入手するための科学的な調査や分析がマーケティングリサーチ

マーケティングリサーチでできること

プロダクト（マーチャンダイジング）	プライス（エブリデイフェアプライス）
<課題例>どんな商品を置いたらよいか → 商圏の住民の生活状況（家族構成や収入）の調査、顧客の要望についてのアンケート調査、など	<課題例>商品の売価設定をどうするか → 競合店の商品価格の調査、顧客の収入状況についての調査、など
プロモーション（リージョナルプロモーション）	プレイス（ストアロケーション）
<課題例>どんなイベントが売上増加につながるのか／実施したイベントの効果はあったのか → 施策実施後の店舗の印象についてのアンケート調査、顧客の購買行動の分析など	<課題例>新規出店の立地をどこにするか → 商圏の住民の生活状況（家族構成や収入）の調査、競合店との出店状況の調査、出店予定地の交通についての調査、など

■ マーケティングリサーチの手法

　マーケティングリサーチには、上記で紹介した以外にも目的に応じたさまざまな手法があります。

（1）市場と需要の分析

　市場の需要量や、消費者の購買行動などを分析します。

❶ **需要量の分析**…店舗の商圏内における商品カテゴリー別販売量を予測する

❷ **消費者の分析**…標的とする顧客層の購買動機や購買慣習を分析する

❸ **購買行動の分析**…標的顧客層はどのような理由で商品を購入するかを分析する

（2）販売効率の分析

マーケティング活動の効率性や課題を明らかにします。

❶ **商品の分析**…売れ筋、死に筋商品と今の品ぞろえやディスプレイの有効性を分析

❷ **販売員の分析**…販売員の接客や商品知識のレベルについて顧客の評価を調査する

❸ **広告の分析**…広告を出した後の顧客の購買や利益への貢献度を数値的に分析

❹ **流通経路の分析**…取引条件や仕入先企業の選択のために、納品精度、コストを分析

（3）小売業を取り巻く環境の分析

競争環境、景気動向、法規制などを研究します。

❶ **景気の分析**…国民総生産や経済成長率、物価、賃金、失業率など経済環境の現状と将来性を分析し、将来のマーケティングに役立てる

❷ **環境の分析**…自社に影響のある、政府の政策や法規制など社会状況の変化を把握

❸ **競争の分析**…商圏内の他店のマーケティングミックスや顧客層を調査し、自店の競争状況や自店の位置づけを分析する

まとめ

本章でマーケティングについてさまざまな事柄を学びましたが、その成功のカギを握っているのが精度の高いマーケティングリサーチです。

第 5 章

販売・経営管理

この科目では、販売員の業務、販売員の法令知識、販売事務と計数管理の方法など、今日の販売員が身につけておくべき基本的な知識を学びます。さらに、売場の人間関係や店舗管理の基本的役割など、実際の職場を快適かつ安全に保つために必要な内容についても学びます。

接客マナー

頻出度 C

🔧 重要ポイント

☑ 販売とは、単なる商品と代金の交換ではなく、商品にその店の
サービスを付加したものを代金と交換することである

☑ 接客サービスには、精神的サービスと機能的サービスの2つがあ
る

1 接客の心構え

常に顧客の立場に立ち、顧客がしてほしいと思っていることを察知して、
それに合ったサービスを提供することが重要です。以下の条件をすべてクリ
アすることで顧客満足度が高まります。

接客の心構え

1）笑顔
2）挨拶（お辞儀）
3）顧客の心理に応じた接客
4）正しい敬語（言葉遣い）
5）感じのよい話し方、聞き方
6）服装身だしなみ
7）クレームや返品の対応

2 自己管理

健康管理（規則正しい生活を心がけ、身心を鍛える）と感情管理（自分の感
情をコントロールし、感情を表情や態度に表さないように日頃から訓練する）
を自ら努力して上手に行うようにします。

3 身だしなみ

顧客に好感をもたれる身だしなみのポイントは、清潔であること（毎日の

手入れが大切)、控えめであること(控えめなお化粧、服装を心がける)、センスを磨くことです。対面の場合、視覚から得られる情報は声の調子や話の内容よりもずっと多く、第一印象を決める情報の約55%を占めるというアメリカの心理学者メラビアンの研究からも、身だしなみがいかに重要かということがわかります。

4 販売員はすべて店の代表者

　店頭に立つ販売員は、一人ひとりが店の代表者であることを自覚して接客することが大切です。顧客の立場に立った接客サービスを提供するためには、自分がサービスを受けるときに、顧客の心理をよく研究しておくことです。同一の顧客であっても、時と場合によって気持ちは変化するので、顧客との会話や態度などから要望を推察して接客するように心がけましょう。

- 清潔感のある髪型
- 化粧は控えめに
- 名札を付ける
- 清潔感のある服装
- 手や爪をきれいに保つ
- 作業しやすい靴

 加点のポイント 接客マナーの覚え方

接客マナーは「自分が顧客だったら」という視点で顧客の快適な状態をイメージすることで、理解しましょう。

接客用語

頻出度 A

✿重要ポイント

☑ 接客用語はできてあたりまえ、きちんとできないと店の品格が下がる

1 接客の8大用語

売場でよく使われる接客の8大用語を理解しましょう。接客用語は、接客態度がきちんとしていて初めて評価されます。きちんとした言葉遣いだけでなく、お客様のプライドを傷つけないようなしっかりした接客態度で販売に臨むことが重要です。

接客の8大用語

- ▶ いらっしゃいませ
- ▶ はい、かしこまりました
- ▶ 少々お待ちくださいませ
- ▶ お待たせしました
- ▶ ありがとうございます
- ▶ 申し訳ございません
- ▶ 恐れ入ります
- ▶ またお越しください

2 敬語

敬語の5つの種類である尊敬語、謙譲語Ⅰ、謙譲語Ⅱ（丁重語）、丁寧語、美化語について理解し、特殊な接客用語も含めて、実際の顧客とのやり取りの中で身につけていくことが大切です。

❶ 尊敬語「いらっしゃる、おっしゃる」型…相手または第三者の行為、ものごと、状態などについて、その人物を立てて述べるもの

❷ 謙譲語Ⅰ「伺う、申し上げる」型…自分から相手または第三者に向かう行為、ものごとなどを、その向かう先の人物を立てて述べるもの。向かう先（相

手側、第三者）に対する敬語
❸ 謙譲語Ⅱ（丁重語）「**参る、申す**」型…自分側の行為、ものごとなどを、話や文章の相手に対して丁重に述べるもの
❹ 丁寧語「**です、ます**」型…話や文章の相手に対して丁寧に述べるもの。謙譲語Ⅱとの違いは、自分以外のさまざまなことについて述べるのにも使えることである
❺ 美化語「**お酒、お料理**」型…ものごとを美化して述べるもの

尊敬語・謙譲語の例

	尊敬語（あなたが）	謙譲語（わたしが）
言う	おっしゃる	申し上げる＜Ⅰ＞
食べる	召し上がる	いただく＜Ⅰ＞
見る	ご覧になる	拝見する＜Ⅰ＞
行く	いらっしゃる	参る＜Ⅱ＞
する	なさる	いたす＜Ⅱ＞
いる	いらっしゃる	おる＜Ⅱ＞

丁寧語の例

	丁寧語
あれ	あちら
誰	どなた、どなた様

③ 賢い話し方と態度

　顧客はすべて「お客様」と呼ぶべきであり、名前がわかっていれば、「〜様」と呼ぶ方がよりベターです。顧客が気持ちよく買い物をすることを考えれば、次のような呼び方が望ましいといえます。

接客用語の例

	接客用語
高齢の方	ご年配の方
安い	お買得、お値打ち
自分の店	わたくしどもの店

「私語をする、携帯メールを見る、腕組みをする、顧客が触った商品をすぐにたたみ直す、顧客が話しかけているのに返事をしない、電話をしていて顧客を待たせる、顧客の行動をずっと見続ける、顧客によって態度を変える、しつこく商品を勧める、レジ待ちの順番を間違える（お客様に順番は決めてもらうのがよい）、買わずに帰る客にあいさつをしない、暇だからと顔や髪を触っている」

このようなことは、接客販売のタブーです。お客様に不快感を与えるだけでなく、自分の資質が問われますので気をつけましょう。

お客様に順番を
決めてもらう方が
トラブルになりにくい
ものです

どちらの
お客様から
承りましょうか?

 加点のポイント 尊敬語か謙譲語かを見分ける方法

尊敬語は「あなた」が主語、謙譲語は「わたし」が主語です。

クレームや返品への対応

✿重要ポイント

☑ クレームは、的確に対応することで顧客との強い信頼関係をつくるきっかけとなるため、真摯に対応すべきである

---

1 クレームとその対応

クレームの種類には「商品に関するクレーム」「接客に関するクレーム」「施設に関するクレーム」「その他サービスに関するクレーム」の大きく4つがあります。クレームの対応は大変重要ですのでよく理解しましょう。

クレームに対応するときの心構え

▶謙虚に顧客の言い分を聞く
▶心からおわびする　　▶いやな顔をしない
▶感情的にならない、冷静さを保つ
▶面倒くさがらない
▶たらい回しにするような対応をしない
▶こじれそうなときは、場所、人、日をかえて
　改めて対応する

2 クレーム対応の手順

クレーム対応の基本は、まず謝って顧客の言い分を反論せずに聞くことです。そのうえで誠意ある対応へと進みます。

❶ おわびする ▶ ❷ 最後まで顧客の話をよく聞く ▶ ❸ 事実の確認と原因の究明 ▶ ❹ 対応策の提示 ▶ ❺ 全員へのフィードバック ▶ ❻ 店舗運営の改善

なお、クレーム対応には日頃の準備が大切です。クレーム対応のマニュアルがある場合はそれを熟読しておくとともに、同僚とロールプレイングを行っておくとよいでしょう。また、自分一人で対応できない場合は、必ず上司に相談を行います。

3 返品とその対応

　返品対応は、うまく対処すると固定客を増やすチャンスになります。クレームにならないよう、誠意ある対応が必要です。

❶ 素直に、謙虚に、誠実に対応する
❷ 事実関係を正確に把握する
❸ 自店の基準や法の基準に合っているかを確認し、非があればまず謝る
❹ 対応策の提示をする
❺ 顧客にとっても自店にとっても、納得できる対応をするようにする

 **クレーム対応のポイント**

クレーム対応ではまず相手の話を誠実に聞くことが大事です。自分が顧客だったらこう対応してほしいというイメージで対応しましょう。

小売業に関する主な法規

頻出度
A

☘ 重要ポイント

☑ 小売業に関する代表的な法規の対象分野は、①経営・事業全般
②販売活動③商品④販売促進である

☑ 経営・事業全般に関する法規には、大きく分けて小売業の適正
確保と、事業の許認可に関する2つがある

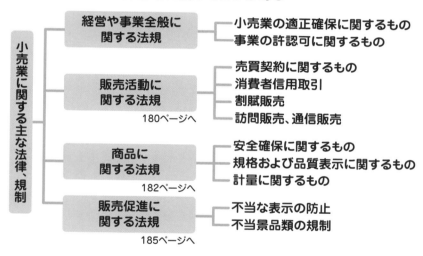

小売業に関する主な法律、規制

経営や事業全般に関する法規	─ 小売業の適正確保に関するもの ─ 事業の許認可に関するもの
販売活動に関する法規 180ページへ	─ 売買契約に関するもの ─ 消費者信用取引 ─ 割賦販売 ─ 訪問販売、通信販売
商品に関する法規 182ページへ	─ 安全確保に関するもの ─ 規格および品質表示に関するもの ─ 計量に関するもの
販売促進に関する法規 185ページへ	─ 不当な表示の防止 ─ 不当景品類の規制

第5章

販売・経営管理

1 小売業の適正確保に関する法規

　小売業は、大規模化が進んでおり、法律も以前は大規模店を規制する方向
でしたが、今は周囲の環境に適正な配慮を払ったうえで大規模店化を推進す
る方向に変わってきています。

❶ 大規模小売店舗立地法（大店立地法）：床面積合計が1,000m²の店舗対象

　駐車場の確保や騒音の発生防止など周辺環境への配慮を行うことが記載さ
れています。なお、従来は大規模店の出店や営業活動については規制強化の
方向でしたが、この法律によって規制緩和が図られました。ただ、駐車場な

どの要件が満たせない場合は出店が困難になる場合もあります。まちづくり三法(32ページ)のうちのひとつです。

❷ 中小小売商業振興法

中小小売商業者の高度化やフランチャイズ化を支援する法律です。高度化とは、アーケードや街路灯の設置などのことで、金融、税制上の助成があります。またフランチャイズ事業では、フランチャイズに加盟する事業者を保護するために、フランチャイズ本部は重要な契約書面をあらかじめ加盟店に書面で説明することを定めています。

❸ 商店街振興組合法

商店街の振興のために、商店街が行う共同事業(共同仕入、保管、運送、共同登録、チケット、商品券発行など)や環境整備事業(アーケード、カラー舗装、街路灯、駐車場の設置など)を支援する法律です。

❹ 中心市街地活性化法

中心市街地の整備による商店街の衰退防止を図る法律です。まちづくり三法のうちのひとつです。

2 事業の許認可に関する法規

許認可事業と対応する法規、許認可主体をセットで覚えましょう。

❶ 食品衛生法

食中毒のリスクが高い業種は都道府県知事の許可が必要です。省令で規定された食中毒リスクが低い業種は都道府県知事への届出が必要です。

❷ 医薬品医療機器等法

薬局の開設、医薬品の販売を行うものは医薬品医療機器等法の要件を満たしたうえで、都道府県知事または政令市の市長、特別区の区長の許可が必要です。

❸ 食糧法

年間20精米トン以上の米穀類の販売・出荷を行うものは、農林水産大臣に届出が必要です。

❹ 酒税法

酒類の販売は酒税法で規制されており、販売所ごとに税務署長の免許が必要です。

❺ 古物営業法

主たる営業所が設置される都道府県の公安委員会の許可が必要です。他の

都道府県に営業所を設置する場合は、公安委員会に届出をします。

❻ 動物愛護管理法

　ペットショップ（動物取扱業）を始めるときは、動物愛護管理法により営業所ごとの都道府県知事に対して「動物取扱業の登録」が必要です。動物シェルターなど営利性がない場合は、所在地の都道府県知事、または政令指定都市の区長に届出を行います。

許認可を必要とする主な業種

業種	許可等	根拠法	主務官公庁
薬局・医薬品の販売	許可	医薬品医療機器等法	都道府県知事（または政令市の市長、特別区の区長）
酒類販売業	免許	酒税法	所轄税務署長
米穀類販売業（年間20精米トン以上）	届出	食糧法	農林水産大臣
古物営業	許可	古物営業法	都道府県公安委員会
ペットショップ（第1種動物取扱業者）	登録	動物愛護管理法	都道府県知事（または政令市の市長）
たばこ販売業	許可	たばこ事業法	財務大臣
飲食店・食品販売店	許可届出	食品衛生法	都道府県知事

 加点のポイント ◀ 小売業に関する法規

まちづくり三法は「大規模 中心 改正都市」と覚えましょう。
　　　　　　　　　　に　　を　　している

第5章

販売・経営管理

179

販売活動に関する主な法規

✿重要ポイント

☑ 販売活動に関する法規とは、契約の有効性や販売上の規制など、売買契約に関する法律のことである

1 民法による売買契約の規定

商品引渡しと代金支払いの双務契約である売買契約には、「予約」「手付と内金」「委任契約」などの要素があります。

❶ 予約…通常期限があり、期間内に顧客の履行がなければ効力が消滅します。

❷ 手付…「手付金」を支払った買主はその手付金を放棄すれば、「手付金」を受け取った売主はその手付金の倍額を支払えば、契約を破棄することができます。

❸ 内金…すでに契約の実行に入っていて、代金の一部を払っていることになりますので内金を放棄しても契約破棄はできません。

❹ 委任契約…仕入先企業が仕入れた商品を小売業に販売する際、当事者の一方が相手方に委託し、相手方がこれを受諾することで成立する契約のことです。

2 消費者信用取引

消費者信用取引とは、クレジットカードなどを使って売買することで、「販売信用（クレジット）」と「金融信用（ローン）」の2種類があります。販売信用とは、カードで商品を購入することで、支払いには割賦方式と非割賦方式があります。金融信用は直接金銭を貸与することで有担保と無担保、返済には割賦方式と非割賦方式があります。

3 割賦販売法

割賦販売とはいわゆる分割払いのことです。①購入から代金を2か月以上、3回以上の分割（リボルビング含む）をして受領する取引である割賦販売、

②小売店で商品購入する時、クレジット会社が消費者に代わって支払い、消費者が後からクレジット会社に支払う信用購入あっせん、③消費者が商品購入代金をローン提携会社から借り入れして一括払いし、後から分割返済することを条件に小売業者が消費者の債務保証をするローン提携販売の3種があります。リボルビングとは月々一定額で返済することです。

　割賦販売法では、割賦販売会社、クレジット会社、小売店が顧客に書面(価格、提供期間、契約の解除等明記)を交付することを義務づけ、特定の取引に限って、契約を消費者から解除できるクーリングオフについても規定しています。クーリングオフが可能な適用期間は、訪問販売、電話勧誘販売、特定継続的役務提供では8日間、連鎖販売取引、業務提供誘引販売取引では20日間です。

クーリングオフの適用期間

取引名	クーリングオフ適用期間
訪問販売	8日間
電話勧誘販売	8日間
特定継続的役務提供	8日間
連鎖販売取引	20日間
業務提供誘引販売取引	20日間

ニセモノ
買わされた
…

 加点のポイント **販売活動に関する法規**

手付や内金など耳慣れない言葉が多いですが、実際に出題されています。契約解除の可・不可とともに、売買契約について理解しておきましょう。民法の売買契約の内容や割賦販売法を、よく覚えておくことが大切です。

商品に関する主な法規

> **✿重要ポイント**
>
> ☑ さまざまな商品の規格と基準については法律でルールが決められており、適合品にはマークが付けられる

1 消費生活用製品安全法

　消費生活の安全確保のため、消費生活用製品安全法は、特定の商品を規制しており、安全基準に適合した商品に、認定マークであるPSCマークが付けられます。

　この法律とは別に、財団法人製品安全協会が認定した製品に表示されるSGマークもありますので、以下の図で確認しておきましょう。

SGマーク

財団法人製品安全協会の
認定した製品に表示

PSCマーク

特定製品
（家庭用の圧力なべ
および圧力がま、
乗車用ヘルメット、
登山用ロープ）

PSCマーク

特別特定製品
（乳幼児用ベッド、
携帯用レーザー応用装置、
浴槽用温水循環器）

2 食品表示法

　賞味期限・消費期限、原材料名、アレルギー表示など、食品表示基準に従った表示がなされていない食品は販売できません。

　なお、賞味期限は「未開封で正しく保存されていれば、その年月日まで品質が保たれておいしく食べることのできる期限」を表しており、賞味期限を過ぎてもすぐに食べられなくなるわけではありません。一方で、消費期限は

「未開封で正しく保存されていれば、その年月日まで安全に食べられる期限」を表しています。

3 医薬品医療機器等法

薬局開設者、および、医薬品販売業の許可を受けた者以外は医薬品を販売できないことが定められています。また、医療機器の販売等についても同様に規制が定められています。

4 製造物責任法（PL法）

消費者が、製品の欠陥により損害を受けた場合にその因果関係の証明をするだけで事業者には賠償責任が生じます。製造物責任法（PL法）は基本的に消費者保護を目的としています。製品の欠陥によって消費者が生命、身体、財産上の被害をこうむった場合に事業者に対して賠償責任を負わせる仕組みです。

5 有機食品に関するガイドライン

国際商品規格委員会（コーデックス委員会）のガイドラインをもとに、「有機」の表示基準を明確にしたものです。遺伝子組み換え食品の表示制度は「食品衛生法」に基づいており、遺伝子組み換え食品であることを明示する必要があります。また、劣化の早い食品には消費期限（安全に食べられる期限）、劣化の遅い食品には賞味期限（おいしく食べられる期限）を表示することも義務づけられています。

6 商品の規格および表示に関する法規

さまざまな商品の規格と基準については法律でルールが決められており、適合品にはマークがつけられています。JIS（日本工業規格）、JAS（日本農林規格）、PSE（電気用品安全法）、特定保健用食品（健康増進法、食品衛生法）、Eマーク（都道府県、地域特産品認証事業）などがあります。

特に、最近では食品の安全面からもJAS法（農林物資の規格化及び品質表示の適正化に関する法律）が注目されています。JAS法のポイントは以下の4点です。

❶ 生鮮食品の品質表示基準…農産物は都道府県名、畜産物は国産である旨、水産物は漁獲された水域名または地域名を表示し、水産物は解凍、養殖

についても表示する。輸入品はいずれの品目も原産国名を表示する。

❷ 加工食品の品質表示基準…容器入りまたは包装品は、名称、原材料名、内容量、賞味期限、保存方法、製造業者などの氏名または名称、住所を表示する。輸入品の場合は輸入業者名と原産国名についても表示する。

❸ 有機農産物の表示…第三者機関の認証が必要で、JAS規格に合格しないと有機農産物とは表示できない。

❹ 遺伝子組み換え食品の表示…遺伝子組み換え農産物および、その使用食品には表示が必要である。

JISマーク

JASマーク

特定JASマーク

特定保健用食品

PSEマーク
（特定電気用品）

PSEマーク
（特定電気用品以外の電気用品）

BLマーク

7 消費の計量に関する法規

計量法により、①商品の計量は法定計量単位で行うこと、②計量器は認定証印があるものを使用すること、③商品の計量は正確に行うこと、の3点が義務づけられています。

 加点のポイント **商品規格を表すマーク**

各マークの名前や意味はよく問われるので、しっかり覚えましょう。

販売促進に関する主な法規

頻出度
B

⚙ 重要ポイント

☑ **景品表示法の主な内容は、**不当景品の規制**と、**不当表示の禁止**である**

1 景品表示法

公正な競争を維持するために、販売活動に伴う不当景品類の規制、不当表示の規制を目的に、独占禁止法の特例としてできた法律です。

景品表示法では不当表示についても規制しています。商品の品質、規格、価格、取引条件が競争業者よりも有利であると消費者に誤認させるような表示を規制しています。また、二重価格も不当表示にあたる場合があります。不当な二重価格とは、本来500円のものを、300円に値下げしているのに、800円のものを300円に値下げしたように表示することです。

❶ 一般懸賞

商品を買ってくれた消費者に、懸賞で景品類を提供する場合、提供する景品は、取引価額が5,000円未満の場合は取引価額の20倍まで、5,000円以上の場合は10万円までとなっています。景品総額は懸賞に関わる売上予定総額の2%以内と規定され、ビールや清涼飲料水、お菓子などでよく行われる手法です。

❷ 共同懸賞

企業が共同して、商品を買ってくれた消費者に懸賞で景品類を提供することです。ショッピングセンターのくじ引きなどが代表的です。景品類の限度額は30万円まで、景品総額は売上予定総額の3%以内となっています。

❸ 総付(べた付)懸賞

商品を買ってくれた消費者に懸賞によらずに景品を提供するもので、提供できる景品は、取引価額1,000円未満の場合は200円まで、取引価額1,000円以上の場合は取引価額の10分の2までとなっています。

第5章

販売・経営管理

185

2 独占禁止法と景品表示法

　景品表示法は独占禁止法の特例として制定されたものです。商品を買うなどの取引をせずに、誰でも応募できる「オープン懸賞」は独占禁止法が適応されます。オープン懸賞については上限額の規制はありません。

景品規制の概要

景表法

一般懸賞

抽選で当たると宣言しているもの

懸賞による景品類の最高額および総額の制限		
懸賞による取引価額	景品類の限度額	
	①最高額	②総額
5,000円未満	取引価額の20倍	懸賞に関わる売上予定総額の2%
5,000円以上	10万円	

※①と②両方の限度内でなければならない

共同懸賞

複数の業者が参加して行う懸賞

懸賞による景品類の最高額および総額の制限		
懸賞による取引価額	景品類の限度額	
	①最高額	②総額
取引価額にかかわらず	30万円	懸賞に関わる売上予定総額の3%

※①と②両方の限度内でなければならない

総付(べた付)懸賞

商品を購入すると必ずついてくる「おまけ」のようなもの

総付(べた付)懸賞の最高額の制限	
取引価額	景品類の最高額
1,000円未満	200円
1,000円以上	取引価額の10分の2

独占禁止法

オープン懸賞

商品購入や来店などの取引とは関係ない

オープン懸賞による景品の最高額の制限
提供できる金品に上限の定めはありません

 加点のポイント 景品表示法

景品表示法は制限内容まで問われるので、しっかり覚えましょう。

環境問題と消費生活

頻出度 **A**

🌸 重要ポイント

☑️ 環境問題に関する販売店の課題としては、環境に配慮した商品やサービスの提供、リサイクル活動への取り組みなどがある

1 環境基本法

　環境基本法の内容は以下のとおりです。
①大気汚染の保全、②水環境の保全、③土壌環境・地盤環境の保全、④廃棄物、リサイクル対策、⑤化学物質の環境リスク対策、⑥技術開発に関する環境配慮などの枠組みを示している法律です。

2 各種リサイクル法

　各種リサイクル法と対象商品をセットで覚えましょう。
❶ 容器包装リサイクル法…ガラス瓶、ペットボトル、紙、プラスチックのリサイクルに適用されます。
❷ 家電リサイクル法…冷蔵庫・冷凍庫、テレビ(ブラウン管、液晶、プラズマ)、エアコン、洗濯機・衣類乾燥機のリサイクルに適用されます。
❸ 食品リサイクル法…食品廃棄物のリサイクルに適用されます。

容器包装リサイクル法による容器包装表示例

 スチール缶
（飲料缶）

 アルミ缶
（飲料缶）

 PETボトル
（飲料・醤油用）

 紙製容器包装
（ダンボールや
アルミを使用していない
飲料用紙パックを除く）

 プラスチック製容器包装
（飲料・醤油用、
PETボトルを除く）

第5章
販売・経営管理

187

3 環境影響評価・環境関連事業の推進

　さまざまなエコ事業が実施されています。事業名と内容をセットで覚えましょう。

❶ 環境影響評価（環境アセスメント）法の制定
❷ エコマーク事業（環境保全に役立つ商品を指定）
❸ グリーンマーク事業（古紙を利用した商品に付与）
❹ 省エネルギーマーク表示事業（省エネ型ＯＡ製品に付与）

4 環境関連事業

　環境関連事業とシンボルマークはセットで覚えましょう。

❶ エコマーク事業…（財）日本環境協会による事業
❷ グリーンマーク事業…（財）古紙再生促進センターによる事業
❸ 国際エネルギースタープログラム…日本を含む世界９か国・地域で実施

| エコマーク | グリーンマーク | 国際エネルギースター
プログラムロゴ |

5 環境規格とビジネス活動

　環境マネジメントシステム ISO14000 シリーズ（環境管理、監査の国際規格）の取得により、環境への対応度合いをアピールする企業が増加しています。例として、店舗で出る生ごみから有機肥料（コンポスト）をつくり、地域農家に配布する活動などがあります。

加点のポイント　ISO14000 取得のメリット

ISO14000 シリーズは、環境マネジメントができている企業としてのブランディングに活用されています。

販売員に求められる計数管理

⚙ 重要ポイント

☑ **数字**に基づいて店舗経営を管理することを、**計数管理**という

---

1 利益の構造

店舗の運営効率を分析する主な利益を理解しておきましょう。

❶ 売上総利益

売上総利益は、売上から仕入値を引いたざっくりとした儲けのことです。

売上総利益＝総売上高−売上原価−ロス（値下、廃棄、万引、記録ミス）額

❷ 店舗営業利益

店舗営業利益は、各店舗レベルでどのぐらい儲けているかという指標です。売上総利益から販管費を差し引くことで求められます。なお、販管費には、販売にかかわる費用である販売費と、その他の企業運営に必要な一般管理費が含まれます。

店舗営業利益＝売上総利益−販管費（販売費及び一般管理費）

❸ 店舗純利益

店舗営業利益からその他の費用を引いた利益で、最終的な各店舗の成績です。

店舗純利益＝店舗営業利益−その他

❹ 経常利益

営業利益は「本業のもうけ」を示すものであるが、企業の収益を正しく把握するためには、それ以外にも保有している株の損益など「本業外の損益」を計算に入れる必要があります。本業外の損益のことを営業外損益といい、営業利益に営業外損益を反映させたものを経常利益といいます。

経常利益＝営業利益±営業外損益

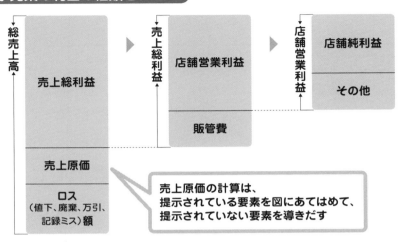

小売業の利益の種類とフロー

売上原価の計算は、
提示されている要素を図にあてはめて、
提示されていない要素を導きだす

2 売上高とは

　第2章 Section12「売価設定と利益の構造」(74ページ)で解説したように、「売上高＝仕入原価＋利益」で計算することができます。こちらは「金額」をベースにした計算方法ですが、「商品」「顧客」を中心にして考えると次のような計算でも求めることができます。

❶ 商品を中心にした売上高の計算式

売上高＝販売単価×販売個数

❷ 顧客を中心にした売上高の計算式

売上高＝客単価×買上客数

　②の式をヒントにすると、売上高を増やすポイントが見えてきます。つまり、客単価を増加させるか、買上客数を増加させるか、または、その両方が実現できればよいことがわかります。

3 客単価を増加させるためには

　客単価は次のように分解することができます。

$$\text{客単価} = \text{買上点数} \times \text{1品当たり平均単価}$$

つまり、1人の顧客により多くの商品を買ってもらうか、より単価の高いものを買ってもらうことが客単価の増加につながることがわかります。

4 買上客数を増加させるためには

買上客数は次のように分解することができます。

$$\text{買上客数} = \text{入店客数} \times \text{買上率}$$

つまり、来店する顧客の総数を増やすか、来店客のうち何も買わないで帰る人数を減らせばよいことがわかります。

5 売上高を増やすためには

これまで説明してきた内容をまとめると、売上高を増やすには、「入店客数」「買上率」「1人当たりの買上点数」「1品当たりの平均単価」を増加させる必要があります。それと同時に売上高が上がらない場合の原因もこれらの要素に分解して検討を行うと考えやすくなります。

6 売価および粗利益の計数

値入を含む売価を分析する計数および粗利益に関する計数は以下のようなものです。

❶ 値入高

売価の中にいくらの儲けを「額」として入れているかを示す数字です。

$$\text{値入高} = \text{売価} - \text{仕入原価}$$

❷ 値入率（%）

売価の中にどのぐらいの儲けを「率」として入れているかを示す数字です。

$$\text{値入率（\%）} = \frac{\text{売価} - \text{仕入原価}}{\text{売価}} \times 100$$

❸ 粗利益高

売上から売れた商品の仕入値部分を引いたもので、ざっくりとした儲けのことです。値入高は販売前の利益の予想値とすると、粗利益高は販売後の実績値を表しています。

$$粗利益高＝売上高－売上原価－ロス額$$

❹ 粗利益率（%）

　売上から売れた商品の仕入値を引いたとき、何パーセント儲かるかという比率です。

$$粗利益率（\%）＝\frac{粗利益高}{売上高}×100$$

❺ 値入高の視点から見た粗利益高の計算

　粗利益高を値入高という観点から計算する場合は、以下のような計算の方法になります。

$$粗利益高＝\underset{予想した利益}{\underline{値入高合計}}＋\underset{変動分}{\underline{値上高－値下高}}$$

❻ ロス（値下、廃棄、万引、記録ミス）高

　ロスは記録上であるべき売上高と実際の売上高の差額で、何らかの理由で売上が下がっている金額です。

$$ロス（値下、廃棄、万引、記録ミス）高＝あるべき売上高－実績売上高$$

❼ ロス（品減り）率（%）

　実際の売上高に対して、どのくらいロスがあるかという売上の効率を示す率です。

$$ロス（値下、廃棄、万引、記録ミス）率（\%）＝\frac{ロス（品減り高）}{実績売上高}×100$$

👑 加点のポイント　計算をマスターしよう

計数管理に関する問題は、ほぼ毎年出題されています。計算までしっかりできるようにしておきましょう。

損益計算書の構造（売上）

頻出度
A

> ✿ **重要ポイント**
>
> ☑ 決算データには、単体決算と連結決算がある

1 損益計算書における利益などの種類

　損益計算書は段階的に利益を分析する表です。第5章 Section9 で紹介した「売上高」「営業利益」「販管費」などを表の「科目」の欄に、それぞれの具体的な数値を表の「金額」の欄に記載したものです。損益計算書によって、企業の売上や利益を把握することができます。

　各利益の名称と内容を理解しましょう。

❶ 営業収益…売上＋不動産収入などの合計で、販売力を表示します。

❷ 営業利益…本業の儲けがわかる指標です。

❸ 経常利益…本業と金融による儲けの合計結果がわかる指標です。

❹ 当期純利益（税引き前）…経常利益に特別損益[注]を加えた指標です。

❺ 販売費および一般管理費…売る経費とバックオフィスの経費がわかります。

　（注）経常的な事業活動以外の活動から発生する利益または損失のこと

2 売買損益計算の計算法

　企業の業績の基本は売上と売上総利益です。計算方法と内容を覚えましょう。

❶ 純売上高＝総売上高－（売上戻り高＋売上値引高）

❷ 純仕入高＝総仕入高＋仕入諸掛り－（仕入戻し高＋仕入値引高）

❸ 売上原価＝期首棚卸高＋純仕入高－期末棚卸高

　※期首は「期の始め」を、期末は「期の終わり」を示す言葉です

❹ 売上総利益＝純売上高－売上原価

販売活動の損益計算の例

（単位：千円）

		科　　目		金　額
経常損益の部	営業損益の部	売上高（客単価アップを目指す） 売上原価	ざっくりとした儲け	**10,000** **-3,000**
		売上総利益 （売上増、売上原価減を目指す）		7,000
		販売費及び一般管理費	本業の儲け	**-2,000**
		営業利益		5,000
	営業外損益の部	営業外収益		**100**
		営業外費用	本業と金融活動の 結果の儲け	**-50**
		経常利益		5,050
特別損益の部		特別利益		**30**
		特別損失	企業全体の 活動結果の儲け	**-20**
		税引き前当期純利益		5,060

売買損益の計算法の例

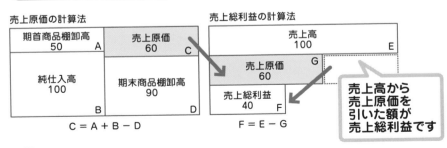

売上原価の計算法

期首商品棚卸高 50　A	売上原価 60　C
純仕入高 100　B	期末商品棚卸高 90　D

C ＝ A ＋ B － D

売上総利益の計算法

売上高
100　E

売上原価
60　G

売上総利益
40　F

F ＝ E － G

売上高から
売上原価を
引いた額が
売上総利益です

👑 加点のポイント　損益計算、売買損益の覚え方

利益の種類や売買損益の計算法は上記の2つの図を、書いて覚えましょう。

実務における消費税計算

頻出度 **A**

✿重要ポイント

☑ 消費税計算は、日常的に実務でも必要なスキルです。実際に電卓などで手を動かして計算してみましょう

1 消費税の基本と内税、外税の違い

　消費税とは、商品やサービスを消費したときに発生する税金のことです。支払うのは消費した消費者ですが、税金を納めるのは販売と同時に税金を預かったお店の方であり、このように支払う人と納める人が違う税金のことを間接税といいます。消費税の表示の仕方には、税金を小売価格に含めて「内税」または「税込み」と表示する内税方式と、税金を小売価格に含めずに「外税」または「税抜き」と表示する外税方式があります。

　なお、2021年4月1日より、消費者を対象とした小売業では内税方式（総額表示）が義務付けられました。事業者間ではこの義務はありません。

2 消費税の計算

　消費税の計算には以下の4パターンがあります。

❶ 税抜き（外税）商品の消費税額計算

消費税額＝税抜き商品価格×消費税率

例）税抜き価格10,000円、消費税率10％の場合
　　10,000円×0.1 ＝ 1,000円（消費税額）

❷ 税抜き（外税）商品の税込み価格計算

税込み商品価格＝税抜き商品価格×（1 ＋消費税率）

例）税抜き価格10,000円、消費税率10％の場合
　　10,000円×（1 ＋ 0.1）＝ 11,000円（税込み商品価格）

❸ 税込み（内税）商品の消費税額計算

消費税額＝税込み商品価格÷（1 ＋消費税率）×消費税率

例）税込み価格11,000円　消費税率10％の場合
　　11,000円÷（1 ＋ 0.1）×0.1 ＝ 1,000円（消費税額）

第5章 販売・経営管理

❹ 税込み（内税）商品の税抜き価格計算

税抜き商品価格＝税込み商品価格÷（1＋消費税率）

例）税込価格11,000円　消費税率10％の場合

　　11,000÷（1＋0.1）＝10,000（税抜き商品価格）

消費税計算のポイント

消費税に関する計算問題を解く方法としては、紹介した公式を丸暗記する他に、次のような関係を理解すると公式を導き出すことも可能です。どちらか、自分に合った方法で試験にのぞみましょう。

税込み価格の内訳

税抜き価格	消費税額 （税抜き価格×消費税率） … ①の式

⬇ 式に表すと

税込み価格＝税抜き価格＋消費税額
　　　　　＝税抜き価格＋税抜き価格×消費税率
　　　　　＝税抜き価格（1＋消費税率）… ②の式

⬇ 税抜価格を税込み価格と消費税率で表すには、
両辺を（1＋消費税率）で割ればよいから

税抜き価格＝税込み価格÷（1＋消費税率）… ④の式

※なお、④をさらに展開して次の式を覚えてしまうのもおすすめです

消費税率10％の商品のときは「税抜き価格＝税込み価格÷1.1」
消費税率8％の商品のときは「税抜き価格＝税込み価格÷1.08」

・税込み価格11,000円、消費税率10％の商品の消費税額を知りたいとき（前ページ③）

税込み価格＝税抜き価格＋消費税額　から
消費税額＝税込み価格－税抜き価格　となります。

税抜き価格は、税込み価格÷1.1＝11,000円÷1.1＝10,000円なので、
消費税額＝税込み価格－税抜き価格＝11,000円－10,000円＝1,000円
と正解を導くことが可能です。

👑 加点のポイント　計算問題は練習あるのみ！

2019年の公式ハンドブックの改訂で新しく加えられた項目です。出題の可能性がありますので、消費税計算は買い物をするときなどに、実際に頭の中や電卓で計算して練習しておきましょう。

金券類の扱いと金銭管理

頻出度 **B**

🌸 重要ポイント

☑ 金券とは、現金のほか小切手、商品券、ギフト券など換金性のあるものを指す

1 金券とは何か

現金、小切手、商品券、図書券、文具券、ギフト券など換金性のあるものをいいます。

2 代金支払い方法の種類

現金、各種商品券やギフト券、小切手（当座預金から払う）、クレジットカード（カード会社が立て替え払いを行った後、購入手続後に顧客がカード会社へ銀行預金の引き落としなどにより払う）、デビットカード（購入時点で銀行預金（普通預金）から払う）などです。電子マネーによる電子決済も支払い方法のひとつです。

3 金銭管理の留意点

金銭管理はロスを減らし、不要な対人間の不和を減らすためにも重要です。
❶ 金券が本物かどうかの確認
❷ 小切手の確認（署名、捺印、金額）
❸ 店内での金銭管理の徹底
❹ 入金額と金券類の残高不一致ミスのチェックと改善
❺ 盗難防止
❻ 勝手な値引きや商品の無償提供など従業員による無意識の窃盗の防止

👑 加点のポイント　支払い方法の違いも理解しておこう

小切手は当座預金からの払い、デビットカードは普通預金から即払いとなります。

第5章 販売・経営管理

197

Section 13

万引き防止対策

頻出度
A

🔧 重要ポイント

☑️ 万引き防止は利益率のアップにつながる

1　万引き＝ロス率のアップ＝利益率のダウン

万引きは利益率の低下に直結するので、防止に努めるべきです。

2　上昇する犯罪率と低下する検挙率

近年では犯罪率は上昇し検挙率は低下しています。

3　万引き防止策

万引きの事前防止策には以下のようなものがあります。

❶ 声かけ
❷ きれいな売場（**管理会社が行き届いた売場であることを示す**）
❸ 不審人物のチェック
❹ 死角の少ない売場づくり

4　万引き防止のセキュリティシステム

万引きできない状況をつくるためには以下の方法が有効です。

❶ 無線自動識別（Radio Frequency ID：RFID）技術を応用したICタグ（**商品札**）による警報システム
❷ 防犯カメラ、ビデオ、ミラーの利用

👑 **加点のポイント**　**万引き防止のシステム**

万引き対策にRFIDを応用したICタグが活用されています。

衛生管理の基準

頻出度
A

🌸重要ポイント

☑ 食品の事故は人命を危険にさらすだけでなく、店の信用を一気に失墜させてしまう

1 衛生管理の原則

清潔な服装、髪型を心がけ、石鹸による手洗いを習慣化しましょう。

2 食中毒防止の3原則と商品管理

食中毒防止の3原則は、「細菌をつけない」「細菌を増やさない」「細菌を殺す」です。先入れ先出しの徹底や、冷蔵・冷凍ケースの清掃、温度管理も重要です。

3 HACCP(ハサップ)による衛生管理

アメリカのNASAのノウハウである衛生管理システム、HACCP(ハサップ)は、食品加工の工程全体を通して食中毒の危険性を除去するシステムとして注目されています。

4 食品表示法などの基準

農産物の品質表示に関する主なポイントは以下のとおりです。
❶ 生鮮食品の品質表示基準
❷ 加工食品の品質表示基準
❸ 有機農産物の表示
❹ 遺伝子組み換え食品の表示

そのほか消費期限と賞味期限を表示する表示方法の改正や、トレーサビリティ(生産履歴の開示)の強化の動きも食品の安全に寄与しています。

👑 **加点のポイント** **消費期限と賞味期限の違い**

賞味期限はおいしく食べられる期限のことであり、消費期限は安全に食べられる期限のことです。

理解度チェック
一問一答

Q1 ギフト券は金券には含まれない。

☑ ☑

Q2 食中毒防止の3原則は、細菌を観察する、細菌を増やさない、細菌を殺すである。

☑ ☑

Q3 ISO 14000シリーズとは、環境マネジメントシステムの国際規格である。

☑ ☑

Q4 小切手を使うと、普通預金残高から決められた相手に対して支払いを指図することができる。

☑ ☑

Q5 小売業の営業利益は本業外の活動でもうけた利益も含まれる。

☑ ☑

Q6 売上原価は、期首在庫高に期中仕入高を加えて期末在庫高を減算することで求めることができる。

☑ ☑

Q7 一般懸賞によって提供できる景品類の限度額は、取引価額5,000円未満がその価額の20倍、取引価額5,000円以上は10万円となっている。

☑ ☑

Q8 景品表示法は懸賞に関する規制を行うものであり、不当表示については規制していない。

☑ ☑

Q9 ブラウン管テレビとは異なり、液晶テレビは、家電リサイクル法の回収義務特定家庭用機器には含まれない。

☑ ☑

Q10 JASマークは工業標準化法に基づき、国から認証を受けた事業者が認証を受けた製品や包装に表示することができるマークである。

☑ ☑

| A1 | ✕ | ギフト券も金券の一種である。 |

| A2 | ✕ | 食中毒防止の3原則は、細菌をつけない、細菌を増やさない、細菌を殺すである。 |

| A3 | ◯ | ISO 14000 シリーズとは、環境マネジメントシステムの国際規格であり、取得をして企業のブランディングに活用しているところもある。 |

| A4 | ✕ | 小切手を使うと、当座預金残高を資金源泉として決められた相手に対して支払いを指図することができる。普通預金からの支払いでないことに注意する。 |

| A5 | ✕ | 小売業の営業利益は本業によってもうけた利益を表し、本業外の利益を加えた企業全体の利益は経常利益という。 |

| A6 | ◯ | 期首在庫高に期中仕入高を加えたものが、売ることのできる在庫金額の全部なので、そこから期末に残っていた在庫高を減算することで、在庫から売れていった金額、つまり売上原価を求めることができる。 |

| A7 | ◯ | なお、景品類の総額は懸賞にかかわる売上予定総額の2%以内とされている。 |

| A8 | ✕ | 景品表示法では不当表示についても規制している。 |

| A9 | ✕ | 液晶テレビも家電リサイクル法の回収義務特定家庭用機器に含まれる。 |

| A10 | ✕ | 工業標準化法に基づき、国から認証を受けた事業者が認証を受けた製品や包装に表示することができるのはJISマークである。JASマークは、食品などに対する規格である。 |

Q11 買い手が売り手に手付金を支払うと、契約の解除は認められない。
☑☑

Q12 RFID技術を応用したICタグを活用すると万引きを減らすための対策になる。
☑☑

Q13 「おっしゃる」は「言う」の謙譲語である。
☑☑

Q14 「言う」の謙譲語Ⅰの表現は「申し上げる」で、謙譲語Ⅱの表現は「申す」である。
☑☑

Q15 割賦販売法では、販売信用について割賦販売、信用購入あっせん、大量購入の3つに分類している。
☑☑

Q16 売上高が2,000,000円、売上総利益が1,000,000円、経常利益が800,000円のとき、販売管理費（販売費及び一般管理費）が600,000円のとき、営業利益率は20％である。
☑☑

Q17 賞味期限とは、その食品が安全に食べられなくなる期限のことである。
☑☑

Q18 動物愛護管理法に基づき、都道府県知事の許可を得ないものは、第1種動物取扱業者に該当するペットショップを営業することができない。
☑☑

Q19 HACCP（ハサップ）は日本で開発された衛生管理技術である。
☑☑

Q20 PSCマークは消費者の生命・身体に対して危害を及ぼす恐れが高い製品につけられており、製造物責任法（PL法）によって定められている。
☑☑

A11	×	契約前に、他の契約者と契約することを待ってもらうために支払うお金なので、手付金を放棄することで契約を解除することができる。なお、内金は契約着手後に支払うお金であり、内金を払うと契約に着手したことになるため、契約を解除することができない。
A12	○	RFID技術を応用したICタグは万引き防止のセキュリティシステムに使用されるものであり、万引きを減らすための対策になる。
A13	×	「おっしゃる」は「言う」の尊敬語である。
A14	○	謙譲語Ⅰは「申し上げる」などで、その言葉の向かう相手を高める効果がある。その一方で、謙譲語Ⅱは「申す」などで、相手を高めるというよりも、自分の行為・ものごとなどを話や文章の相手に対して丁重に述べる敬語である。
A15	×	割賦販売法では、販売信用について割賦販売、信用購入あっせん、ローン提携販売の3つに分類している。
A16	○	「営業利益率＝営業利益÷売上高×100％」であり、「営業利益＝売上総利益－販売管理費」である。営業利益は1,000,000円－600,000円＝400,000円と計算できるので、営業利益率は400,000円÷2,000,000円×100％＝20％となる。なお、この計算に経常利益は使用しない。
A17	×	賞味期限とは、その食品がおいしい状態で食べられなくなる期限のことである。安全な状態で食べられる期限のことは消費期限という。
A18	×	都道府県知事の許可ではなく、営業所や業種ごとに都道府県知事の登録、または、政令市の市長の登録が必要になる。
A19	×	HACCP（ハサップ）とは、NASAの衛生管理技術である。
A20	×	PSCマークは消費生活用製品安全法によって定められている。

コミュニケーションの基本

店長

落ち込んでいるみたいだけど、何かあった？

マニュアル通りにきちんとクレーム対応をしたつもりなんですが、お客さんの怒りが収まらず、状況をさらに悪くしてしまいました…。

新人

店長

クレーム対応は難しいよね。一括りにクレーム客といっても、個性も考え方もさまざまだから、マニュアルを理解するだけではなかなか上手くいかないよねえ。

マニュアル以外に必要なもの…。もしかして、それは、僕の苦手なコミュニケーション能力でしょうか…。

新人

仕事で求められる最低限のコミュニケーションスキルは、方法論を学ぶことで身につけることができます。Section3で説明したクレーム対応のポイントにもなりますので、ここで確認しておきましょう。

■ 仕事で求められるコミュニケーションスキルとは

接客やクレーム対応をよりスムーズに行うためには、顧客の要望や質問に対して臨機応変に対応できるコミュニケーション力がとても大切です。また、コミュニケーション力を磨いておくことで、ともに働く上司、同僚などとの関係をよくすることができ、職場環境の向上にも役立ちます。

■ コミュニケーションの阻害要因と上手な対応のポイント

コミュニケーションは相手に伝えたいことが伝わることが重要です。コミュニケーションの阻害要因は以下のようなものです。

❶ 要領を得ない内容や説明不足
❷ 相手と興味関心の強弱がずれている
❸ 同じ言葉でも相手によってイメージや意味が異なる
❹ 相手側の歪曲や誤った推理
❺ 歪曲な表現による誤解
❻ 相手が聞いた内容を忘れてしまう

　円滑なコミュニケーションをするポイントは以下のような内容です。
❶ できるだけ直接会話を行う
❷ ５Ｗ１Ｈで内容を整理する
❸ 相手の話をよく聞く
❹ 話をするタイミングや場所を考慮する
❺ 口頭と文書、メールを使い分けるなど伝達手段を工夫する

■ 上司と同僚への対応とコミュニケーション

　上司とのコミュニケーションのポイントは以下のような内容です。
❶ 上司の立場を理解して話す
❷ 報告、連絡、相談を基本としたコミュニケーションをとる
❸ 情報提供、意見、提案をタイミングよく行う
❹ 指揮命令系統統一化の原則で直属の上司から指示をもらい混乱を避ける

　同僚とのコミュニケーションにあたっては、共通目標達成のために、以下のポイントを押さえましょう。
❶ チームワークを基本としたコミュニケーションをとる
❷ 相互理解と情報交換を心がける
❸ 仕事上の衝突があったら、十分に気をつけて調整をする
❹ 職場内の非公式なチーム、リーダーの存在を考慮する

まとめ

コミュニケーションのポイントは、相手の話をよく聞き直接対話をすること、主語を明確にするなど受け手に誤解を与えない話し方、相手の理解や興味関心を確認しながら共感を生む話し方などです。スキルを身につけて「売れる販売士」を目指しましょう。

MEMO

リテールマーケティング
（販売士）検定試験 3級
模擬試験問題

・本試験に準じた形式になっています。本番同様に
制限時間を100分として解いてみましょう。

・解答・解説は、第1回：242ページ、
第2回：252ページに掲載しています。

・解けなかった問題は、本文の解説ページに戻り、
復習をして弱点を克服しましょう。

模擬試験（予想問題）　第1回
制限時間 100 分

合計得点

／ 500 点

小売業の類型

第1問 次の文中の〔　　〕の部分に、下記に示すア～オのそれぞれの語群から最も適当なものを選んで、解答欄に記入しなさい。（15点）

ネットスーパー（総合品ぞろえスーパー）には、注文された商品をそろえる〔　ア　〕方式として店舗にある商品を集める〔　イ　〕と巨大な倉庫から集める〔　ウ　〕がある。〔　イ　〕は巨大な倉庫への〔　エ　〕が必要なく参入しやすいという利点があるが、人件費がかかるという課題がある。一方〔　ウ　〕は、巨大な倉庫への〔　エ　〕に多額の資金が必要であり、膨大な商品の〔　オ　〕も課題である。

<語群>

ア	1	トレッキング	2	ランニング	3	コンサルティング	4 ピッキング
イ	1	倉庫型	2	店舗型	3	対話型	4 双方向型
ウ	1	店舗型	2	対話型	3	倉庫型	4 分割型
エ	1	設備投資	2	経営管理	3	集客投資	4 工程管理
オ	1	景観管理	2	交通管理	3	製造管理	4 在庫管理

解答欄	ア	イ	ウ	エ	オ

第2問 次の事項のうち正しいものには1を、誤っているものには2を、対応するア～オの解答欄に記入しなさい。（15点）

ア スーパーセンターとは、ディスカウントストアとスーパーマーケットを合体し、衣食住のフルラインを扱い、日常生活の必需品という視点でつくられている。

イ パワーセンターとは、ホームセンターの品ぞろえを拡大してできたショッピングセンターのことである。

ウ セレクトショップとは、500m^{2}の小店舗で高回転の加工食品600品目を絞り込み超安値で販売する小売形態である。

エ アウトレットストアとは、メーカーや小売業がブランド品のB級品、過剰在庫品をディスカウント販売する小売形態で、この集合体がアウトレットモー

ルである。

オ ディスカウントストアとは、利益を度外視した目玉商品を置くことで集客を図る店舗のことである。

解答欄	ア	イ	ウ	エ	オ

第3問 次のア〜オは、インターネット社会と小売業について述べている。正しいものには1を、誤っているものには2を、対応するア〜オの解答欄に記入しなさい。（15点）

ア 「ショールーミング」とは、リアルショップをショールーム代わりに購入はネットで行う消費者行動のことである。

イ オムニチャネルとは、通販番組に特化したテレビチャンネルのことである。

ウ VRとは仮想現実のことである。

エ ICTとはInternational Communication Technologyの略語である。

オ O2O（Online to Offline：オーツーオー）とは、オンラインでクーポンを提供し、リアル店舗に集客するプロモーションスタイルのことである。

解答欄	ア	イ	ウ	エ	オ

第4問 次の文中の〔　　　〕の部分に、下記の語群のうち最も適当なものを選んで、対応するア〜オの解答欄に記入しなさい。（15点）

チェーンオペレーションは〔　**ア**　〕な店舗運営を行っており、本部は大きく次の3つの機能を果たしている。第一は立地開発と開店準備などを行い、多店舗化の推進を実行する〔　**イ**　〕、第二は商品の価格設定、棚割、低価格・高品質・高利益商品の研究、仕入政策、在庫管理などを行う〔　**ウ**　〕、第三は画一的なゾーニング、レイアウト設計および業務マニュアル、トレーニング計画など、商品販売までのオペレーションを〔　**エ**　〕し、店舗に指示する〔　**オ**　〕である。

＜語群＞

1. 分散型ネットワーク的　　2. 連鎖型画一的　　3. 店舗開発
4. 商品管理　　5. 標準化　　6. 店舗運営　　7. 経営理念
8. 購買慣習　　9. 店頭価格　　10. 商品価格

解答欄	ア	イ	ウ	エ	オ

第5問 次の文中の〔　　　〕の部分に、下記の語群のうち最も適当なものを選んで、対応するア～オの解答欄に記入しなさい。（15点）

自然発生的に街道沿いに形成された〔　ア　〕と違い、ショッピングセンターとは〔　イ　〕によって〔　ウ　〕に造成された商業集積である。広い敷地と多くの〔　エ　〕を有し、集客の中心となる〔　オ　〕と専門店（テナント）を集合させることによって、巨大な集客力のある商業空間を構成する。

＜語群＞

1．商店街　　　2．核店舗　　　3．政府　　　4．ディベロッパー
5．短期間　　　6．森林　　　　7．計画的　　　8．都市
9．金融機関　　10．駐車スペース

解答欄	ア	イ	ウ	エ	オ

第6問 次のア～オは、スーパーマーケットについて述べている。正しいものには1を、誤っているものには2を、対応するア～オの解答欄に記入しなさい。（15点）

ア　スーパーマーケットはセントラルバイイングで仕入の高コスト化を目指している。

イ　人的コストの削減のため、スーパーマーケットはセルフサービス方式を採用している。

ウ　スーパーマーケットは毎日の生鮮食品中心の食材と中間食提供を特徴としている。

エ　大量仕入大量販売とエブリデイ・ロープライスがスーパーマーケットの特徴である。

オ　スーパーマーケット一括集中レジ方式で、人的コストの増加を目指している。

解答欄	ア	イ	ウ	エ	オ

第7問 次の文中の〔　　　〕の部分に、下記の語群のうち最も適当なものを選んで、対応するア〜オの解答欄に記入しなさい。（10点）

事前に顧客の生活レベルや趣味などの〔　ア　〕を入手することも可能である訪問販売に対して、店頭販売では〔　イ　〕の顧客を対象とするため、〔　ア　〕の収集はかなり困難である。そこで、短時間の〔　ウ　〕の中からヒントをつかみ、顧客の〔　エ　〕や持ち物をさりげなく観察することが必要になる。また、顧客を〔　オ　〕化することによって〔　ア　〕を集めることができ、収益性も高められる。

＜語群＞

1. 服装　　　　　　2. 情報　　　　　　3. 多様　　　　　4. 固定
5. 対話　　　　　　6. マーケティング　7. 笑顔　　　　　8. 少数精鋭
9. 不特定多数　　10. 分散

解答欄	ア	イ	ウ	エ	オ

マーチャンダイジング

第1問 次の文中の〔　　　〕の部分に、下記の語群のうち最も適当なものを選んで、対応するア〜オの解答欄に記入しなさい。（15点）

商品構成は、まずカテゴリーとしての大分類（〔　ア　〕）を考え、次に中分類（〔　イ　〕）、小分類（サブクラス）を検討し、最後に各小カテゴリーに入る具体的な品目（〔　ウ　〕）を決定していく。〔　ア　〕とは、例えば、ソックスとかシャツという分類であり、〔　ウ　〕とは、ソックスでも色は黒、サイズは24〜26cm、毛100％、価格1,000〜1,200円というように、具体的に細かな仕様が決まっているものである。商品カテゴリー構成は、「品ぞろえの幅（〔　エ　〕）」と「品ぞろえの奥行（〔　オ　〕）」の2つの軸で表現される。一般的に総合店では、「広くて浅い品ぞろえ」、専門店では「狭くて深い品ぞろえ」の商品構成が選択される。

＜語群＞

1. ルール　　2. ボックス　3. ゴール　　4. ライン　　5. クラス
6. アイテム　7. レベル　　8. ポケット　9. Width　　10. Depth

解答欄	ア	イ	ウ	エ	オ

第2問 次の事項のうち正しいものには1を、誤っているものには2を、対応するア〜オの解答欄に記入しなさい。（15点）

ア　売価100円、仕入原価50円のとき、値入高は50円である。

イ　仕入売価100円、仕入原価50円のとき、値入率は50％となる。

ウ　総売上高から仕入原価を引いたものが粗利益高である。

エ　純売上高から仕入原価を引いたものが粗利益高である。

オ　純売上高とは、総売上高から値下げ高やロス高を引いたものである。

解答欄	ア	イ	ウ	エ	オ

第3問 次の文中の〔　　〕の部分に、下記の語群のうち最も適当なものを選んで、対応するア〜オの解答欄に記入しなさい。（15点）

〔　ア　〕（集中仕入）方式は、スーパーやカテゴリーキラーなど、〔　イ　〕を取る小売業が採用している方式で、本部で〔　ウ　〕を行い、各店に配送を行う。これに対し、百貨店や専門店では店舗ごとに〔　エ　〕の仕入や販売を行う「〔　オ　〕」を行っている。

＜語群＞

1. センターフォワード　　2. サイクルオペレーション　　3. 分散仕入
4. セントラルバイイング　　5. チェーンオペレーション　　6. 一括仕入
7. 独自　　　　　　　　　　8. 支店経営　　　　　　　　　9. 本店経営
10. 指示どおり

解答欄	ア	イ	ウ	エ	オ

第4問 次の文中の〔　　〕の部分に、下記に示すア〜オのそれぞれの語群から最も適当なものを選んで、解答欄に記入しなさい。（15点）

コンビニエンスストア（CVS）の商品計画の基本は、約〔　ア　〕の店舗に約〔　イ　〕点の生活利便性の高い〔　ウ　〕の売れ筋商品中心の品ぞろえをすることである。陳列できる商品スペースに限りがあるため、〔　エ　〕で死に筋商品を排除する工夫や、〔　オ　〕の高い売れる商品へ頻繁に入れ替える工夫をしている。

<＜語群＞

		1		2		3		4	
ア	1	400m²	2	300m²	3	200m²	4	100m²
イ	1	1,000	2	2,000	3	3,000	4	4,000
ウ	1	小品種多品目型	2	多品種多品目型	3	小品種小品目型	4	多品種小品目型
エ	1	POM	2	POS	3	PAS	4	POC
オ	1	仕入頻度	2	在庫頻度	3	購買頻度	4	返品頻度

解答欄	ア	イ	ウ	エ	オ

第5問 次の文中の〔　〕の部分に、下記の語群のうち最も適当なものを選んで、対応するア～オの解答欄に記入しなさい。（15点）

販売計画の策定プロセスでは、まず「〔　ア　〕」で売上目標とそのためにかけられる費用を決める。そして、次に「〔　イ　〕」でいつ、何をどのように売るかを決め、営業部門ごとの「〔　ウ　〕」「売場配置計画」で部門、カテゴリーごとの売上、配置を決める。具体的な販売促進活動を計画する際には、「〔　エ　〕」でイベントや広告活動を決め、「〔　オ　〕」でメーカーやサプライヤーとの合同販促プランを立てる。このような段階を経てまず1年間の全体売上計画を立て、これをベースに、月ごと、週ごとの計画へブレイクダウンしていく。

＜語群＞

1. 海外展開計画　　2. 製造計画　　3. 買収計画　　4. 売上計画
5. 商品展開計画　　6. 部門別計画　　7. 販売促進計画
8. キャンペーン等実施計画　　9. 設計計画　　10. 経営戦略

解答欄	ア	イ	ウ	エ	オ

第6問 次のア～オは、多頻度小口配送について述べている。正しいものには1を、誤っているものには2を、対応するア～オの解答欄に記入しなさい。（15点）

ア　多頻度小口配送は、小売店の在庫水準を高く保つことに役立つ。

イ　情報技術の発達により、納入業者側に販売店の経営状況が迅速に伝わるようになったため、多頻度小口配送が進展した。

ウ　多頻度小口配送を行う納入業者にとっては、ドライバーの人件費や車両の燃料費など、物流コストが上昇するデメリットがある。

エ 多頻度小口配送は、小売業界ではコンビニエンスストアが率先して取り組んできた。

オ 多頻度小口配送は、店頭商品の鮮度を維持することに役立つ。

解答欄	ア	イ	ウ	エ	オ

第7問 次のア〜オは、在庫管理に関する計数について述べている。正しいものには1を、誤っているものには2を、対応するア〜オの解答欄に記入しなさい。（10点）

ア 商品回転率が高い商品ほど、売れ行きが悪いことを示している。

イ 年間売上高が1,000万円で、商品の平均在庫高が100万円の場合、商品回転率は10回転／年である。

ウ 商品回転期間は、2年間（730日）を、商品回転率で割って求める。

エ 交差比率は、在庫の販売効率を表し、その数値が高いほど、商品の販売効率が良いことを示している。

オ 粗利益率が10％で、商品回転率が12回転の商品の交差比率は1.2である。

解答欄	ア	イ	ウ	エ	オ

ストアオペレーション

第1問 次のア〜オは、ディスプレイの基本的パターンについて述べている。正しいものには1を、誤っているものには2を、対応するア〜オの解答欄に記入しなさい。（15点）

ア 平台陳列のメリットは、フェイスをそろえやすく在庫管理がしやすいことである。

イ ゴンドラ陳列のデメリットは、スペースをとること、くずれやすく商品が傷みやすいことである。

ウ ハンガー陳列は、生鮮食品の陳列で最も多く利用されている。

エ ショーケース陳列は対面販売で高級品を販売するのに適している。

オ ステージ陳列は、流行品や季節商品のアピールに適している。

解答欄	ア	イ	ウ	エ	オ

第2問 次のア～オは、ファッション業界のディスプレイ技術について述べている。正しいものには1を、誤っているものには2を、対応するア～オの解答欄に記入しなさい。（15点）

ア アシンメトリー構成は、落ち着いたフォーマルな印象を演出する。

イ 集中構成は、商品を一か所に集中させスポットライトなどで特徴や質感を演出する。

ウ シンメトリー構成は、左右のバランスを崩して躍動感を演出する。

エ 拡散構成は、陳列フレームをわざとはみ出るようにして広がりやブランドの世界観を演出する。

オ 三角構成は、複数の大きさの違う商品のコーディネートに適し、安定感を演出する。

解答欄	ア	イ	ウ	エ	オ

第3問 次の文中の〔　　　〕の部分に、下記の語群のうち最も適当なものを選んで、対応するア～オの解答欄に記入しなさい。（15点）

EOSは、電子受発注システムとも呼ばれ、受発注を小売店の〔　**ア**　〕と本部または本社のコンピュータ間で行うものである。このEOSでは、基本的には〔　**イ**　〕に基づき発注データを送信する。ところが、多数の企業間でデータの交換をするためには〔　**ウ**　〕を処理するEDIが必要になる。EDIとは、「〔　**エ**　〕で、取引のためのメッセージを、通信回線を介して〔　**オ**　〕を用いて、コンピュータ（端末を含む）間で交換すること」である。

＜語群＞

1．各企業の独自規約　　2．異なる組織間　　3．インターネット
4．取引上のトラブル　　5．事業所コード　　6．マルチメディア
7．POSターミナル　　8．標準的な規約　　9．標準化したデータ
10．パスワード

解答欄	ア	イ	ウ	エ	オ

第4問 次のア～オは、ディスプレイの評価基準について述べている。正しいものには1を、誤っているものには2を、対応するア～オの解答欄に記入しなさい。（15点）

ア　見やすいかどうかは、ディスプレイの評価基準のひとつではない。
イ　触れやすいかどうかは、ディスプレイの評価基準のひとつではない。
ウ　選びやすいかどうかは、ディスプレイの評価基準のひとつである。
エ　豊富感があるかどうかは、ディスプレイの評価基準のひとつである。
オ　魅力的かどうかは、ディスプレイの評価基準のひとつである。

解答欄	ア	イ	ウ	エ	オ

第5問 次の文中の〔　　　〕の部分に、下記の語群のうち最も適当なものを選んで、対応するア～オの解答欄に記入しなさい。（15点）

セルフサービス店ではレジの〔　ア　〕のみが接客することを基本としており、セルフサービスとは、〔　イ　〕と対する言葉である。専門店のように、売場に立つ販売員がいないために、〔　ウ　〕を節約でき、販売価格を低く抑えることができる。しかし、その店の〔　エ　〕の水準は、すべて〔　ア　〕のサービスにかかっているために、接客のポイントとして正確性、〔　オ　〕、スマイルが要求される。

＜語群＞

1．オーナー　　　　2．物的サービス　　　3．チェッカー　　　4．広告費
5．スピード　　　　6．大量販売　　　　　7．人件費　　　　　8．対面販売
9．人的サービス　　10．クリンリネス

解答欄	ア	イ	ウ	エ	オ

第6問 次のア〜オは、和式進物包装について述べている。正しいものには1を、誤っているものには2を、対応するア〜オの解答欄に記入しなさい。（15点）

ア　水引きで蝶結びは結婚式などの祝い事で使われる。

イ　水引きで結びきりは、何度も繰り返されてほしいことを意味する。

ウ　慶事のときには、紅白または金銀の水引きを使用する。

エ　弔辞のときには、黒白または銀白の水引きを使用する。

オ　あわじ結びは、一度きりが望ましい出来事で使われる。

解答欄	ア	イ	ウ	エ	オ

第7問 次の事項のうち正しいものには1を、誤っているものには2を、対応するア〜オの解答欄に記入しなさい。（10点）

ア　水引きの色は、弔事の際は黒白、または銀白が用いられ、慶事の際には紅白、または金銀が用いられる。

イ　水引きとは、細かいこよりに水のりを引いて固め、中央から2色に染め分けたものである。

ウ　水引きの結び方には、蝶結びと結び切りの2種類がある。

エ　蝶結びは、結婚祝いに用いられる。

オ　和式進物の表書きは、慶事の際には墨の色を薄くし、弔事の際は濃くする。

解答欄	ア	イ	ウ	エ	オ

マーケティング

第1問 次の事項のうち正しいものには1を、誤っているものには2を、対応するア〜オの解答欄に記入しなさい。（15点）

ア 歴史背景と立地イメージは、立地の決定要因のひとつである。

イ 集客力は、立地の決定要因ではない。

ウ 通行量は、立地の決定要因のひとつである。

エ 商圏内環境は、立地の決定要因のひとつである。

オ 出店コストは、立地の決定要因ではない。

解答欄	ア	イ	ウ	エ	オ

第2問 次のア〜オは、インバウンドプロモーションについて述べている。正しいものには1を、誤っているものには2を、対応するア〜オの解答欄に記入しなさい。（15点）

ア インバウンド旅行とは、日本の側からみた訪日外国人旅行のことである。

イ インバウンドプロモーションでは、多言語対応は必要だが口コミはあまり重要でない。

ウ 日本人の神秘的で不思議な気質に触れることができるというのは、観光庁の打ち出した日本を旅することでしか得られない3つの価値のひとつである。

エ 日本人が細部までこだわりぬいた作品に出会えることは、観光庁の打ち出した日本を旅することでしか得られない3つの価値のひとつである。

オ ハロウィーンなど大勢の若者が楽しむイベントに参加できることは、観光庁の打ち出した日本を旅することでしか得られない3つの価値のひとつである。

解答欄	ア	イ	ウ	エ	オ

第3問 次の事項のうち正しいものには1を、誤っているものには2を、対応するア〜オの解答欄に記入しなさい。（15点）

ア ホスピタリティとは、不屈の精神で接客サービスを行うことである。

イ ホスピタリティとは、もてなしの精神で接客サービスを行うことである。

ウ エンターテインメントとは、感動を与え楽しい買い物を演出することである。

エ エンターテインメントとは、タッチパネル形式のセルフレジのことである。

オ プリヴァレッジとは、顧客に特別待遇をされているという意識を感じさせることである。

解答欄	ア	イ	ウ	エ	オ

第4問 次の文中の〔　　　〕の部分に、下記の語群のうち最も適当なものを選んで、対応するア～オの解答欄に記入しなさい。（15点）

これからの小売業は、今までのように〔　ア　〕と店舗オペレーションを主体とするだけでなく〔　イ　〕をつくる意味でのマーケティングにも力を入れる必要が生じている。商品をただ単に〔　ウ　〕に並べておくだけでは売れなくなった今日、小売業といえども、メーカーの〔　エ　〕とは異なる視点から自店の地域市場を刺激し、新たな〔　イ　〕をつくる〔　オ　〕を展開することが求められてきている。

＜語群＞

1. グローバル　　2. 需要　　　　3. マクロマーケティング　　　　4. 卸売業
5. マイクロマーケティング　　　6. 全国標準価格
7. 出店コスト　　　　　　　　　8. マーチャンダイジング
9. 店頭　　　　　　　　　　　　10. プロダクト・プランニング

解答欄	ア	イ	ウ	エ	オ

第5問 次の事項のうち正しいものには1を、誤っているものには2を、対応するア～オの解答欄に記入しなさい。（15点）

ア 蛍光灯は、水銀水蒸気の放電によって赤外線を発生させ、その赤外線による蛍光物質の発光を利用したランプである。

イ LEDは、電気使用量を抑えることができ、紫外線に集まる夜間の虫も減少するため、店舗で使用光源としての利用が増えている。

ウ 直接照明とは、シャンデリアやバランス・ライトなどのように、光を均一に全般にいきわたらせる方式をいう。

エ 半直接照明とは、室内に向けた配光よりも、天井や壁面の反射光が多い方式をいう。

オ 間接照明とは、光源が直接目に触れないように、建物の壁や天井に光源を埋め込み、反射する光によって明るさを出す方式をいう。

解答欄	ア	イ	ウ	エ	オ

次の事項のうち正しいものには1を、誤っているものには2を、対応するア〜オの解答欄に記入しなさい。(15点)

ア 出店においては、経営戦略と一体化し、整合性を図る必要がある。

イ 出店においては、出店エリア、出店形態を確定しなくてはならない。

ウ 出店においては、業種、業態に合った立地の選定をしなくてはならない。

エ 出店においては、必要商圏人口を設定する必要がある。

オ 出店においては、商圏内の所得水準などミクロな分析を行ってから、都市の盛衰度などマクロな分析を行い決定する。

解答欄	ア	イ	ウ	エ	オ

次のア〜オは、販売促進策について述べている。正しいものには1を、誤っているものには2を、対応するア〜オの解答欄に記入しなさい。(10点)

ア 広告は、アトラクティブプロモーションプル戦略(来店促進策)のひとつである。

イ デモンストレーション販売は、アトラクティブプロモーションプル戦略(来店促進策)のひとつである。

ウ カウンセリング販売は、インストアプロモーションプッシュ戦略(販売促進策)のひとつである。

エ シェルフマネジメント(ディスプレイ、棚割)は、インストアマーチャンダイジングプット戦略(購買促進策)のひとつである。

オ POP広告は、売上アップに直接貢献する客単価を上げるための手段である。

解答欄	ア	イ	ウ	エ	オ

販売・経営管理

第1問 次の文中の〔　　　〕の部分に、下記の語群のうち最も適当なものを選んで、対応するア〜オの解答欄に記入しなさい。（15点）

敬語の種類は、大きく分けて〔　ア　〕、謙譲語Ⅰ、謙譲語Ⅱ（〔　イ　〕）、丁寧語、美化語の5つである。〔　ア　〕は、相手を直接的に〔　ウ　〕言い方で、〔　エ　〕や上司、目上の人に使う。謙譲語は、〔　エ　〕や目上の人に対して、自分の動作やものを〔　オ　〕いう話し方である。丁寧語は、相手に丁寧な気持ちを伝える言い方で、美化語はものごとを美化して述べる言い方である。

＜語群＞

1．接客用語　　2．へりくだって　　3．敬う　　4．簡潔に　　5．顧客
6．尊敬語　　7．説明する　　8．販売員　　9．丁重語　　10．歓迎

解答欄	ア	イ	ウ	エ	オ

第2問 次の事項のうち正しいものには1を、誤っているものには2を、対応するア〜オの解答欄に記入しなさい。（15点）

ア　謙虚に顧客の言い分を聞くことは、クレームに対応するときの心構えである。
イ　感情的にならないことは、クレームに対応するときの心構えである。
ウ　面倒くさがらないことは、クレームに対応するときの心構えである。
エ　いやな顔をしないことは、クレームに対応するときの心構えである。
オ　目をそらしたら負けだと思うことは、クレームに対応するときの心構えである。

解答欄	ア	イ	ウ	エ	オ

第3問 次のア〜オは、事業の許認可に関する法律について述べている。正しいものには1を、誤っているものには2を、対応するア〜オの解答欄に記入しなさい。（15点）

ア　薬局・医薬品の販売には、都道府県知事（または政令都市の市長、特別区の区長）の許可が必要である。
イ　第一種動物取扱者としてペットショップを始める場合は、都道府県知事（または政令都市の市長）の許可が必要である。

ウ　酒類の販売業には、都道府県知事の許可が必要である。

エ　食中毒のリスクが高い業種は、都道府県知事の許可が必要である。

オ　古物営業を開始する場合は、主たる営業所が設置される都道府県公安委員会の許可が必要である。

解答欄	ア	イ	ウ	エ	オ

第4問 次の事項のうち正しいものには1を、誤っているものには2を、対応するア～オの解答欄に記入しなさい。（15点）

ア　容器包装リサイクル法では、ガラス瓶、ペットボトル、紙、プラスチックが対象である。

イ　エコマーク事業は、リサイクル商品を指定するものである。

ウ　グリーンマーク事業では、古紙回収利用商品にマークを付与する。

エ　ISO 14000シリーズは、環境管理、監査の国際規格である。

オ　食品リサイクル法では、事業者が出す調理食品ごみの廃棄を規制している。

解答欄	ア	イ	ウ	エ	オ

第5問 次の事項のうち正しいものには1を、誤っているものには2を、対応するア～オの解答欄に記入しなさい。（15点）

ア　売上総利益＝総売上高－売上原価－ロス額

イ　売上総利益＝総売上高－販売費・管理費

ウ　ロス高＝あるべき売上高－実績売上高

エ　ロス高＝実績売上高－目標売上高

オ　店舗営業利益＝店舗調整可能利益－営業費用

解答欄	ア	イ	ウ	エ	オ

第6問 次のア〜オは、販売活動に関する法規について述べている。正しいものには1を、誤っているものには2を、対応するア〜オの解答欄に記入しなさい。（15点）

ア 売買契約における「予約」では、予約した期間内に顧客の履行がなければ効力が消滅する。

イ 売買契約における「手付」では、手付金を放棄しても契約は破棄できない。

ウ 売買契約における「内金」では、内金を放棄すれば、契約は破棄できる。

エ 委任契約では、商品販売を委託する側と、受託する側が存在する。

オ 割賦販売とは、いわゆる分割払いのことである。

解答欄	ア	イ	ウ	エ	オ

第7問 次の事項のうち正しいものには1を、誤っているものには2を、対応するア〜オの解答欄に記入しなさい。（10点）

ア 万引きを防止すると、売上高のアップに効果がある。

イ 声かけは、万引き防止策のひとつである。

ウ ICタグの導入は、万引き防止策のひとつである。

エ 防犯カメラの導入は、万引き防止策のひとつである。

オ 死角の少ない売場づくりは、万引き防止策のひとつである。

解答欄	ア	イ	ウ	エ	オ

小売業の類型

第1問 次のア～オは、百貨店について述べている。正しいものには1を、誤っているものには2を、対応するア～オの解答欄に記入しなさい。（15点）

ア 百貨店は買取仕入を基本としてきたが、近年は委託販売も増えている。

イ 百貨店が自主マーチャンダイジングに取り組み出しているのは、販売力回復のためである。

ウ 百貨店では通常、店舗外の販売行為を行っていない。

エ 百貨店が量販店と異なる理由のひとつは「高サービスを基本としている」ことである。

オ 百貨店も量販店と同様、中央管理が基本であり店舗ごとに運営がまかされていない。

解答欄	ア	イ	ウ	エ	オ

第2問 次の事項のうち正しいものには1を、誤っているものには2を、対応するア～オの解答欄に記入しなさい。（15点）

ア フランチャイズ加盟店は、店舗運営に関わる商品やすべてのノウハウをパッケージにしてフランチャイズ本部に提供し、本部はその見返りとしてロイヤルティを加盟店に支払う。

イ フランチャイズビジネスでは、特権を与えるものをフランチャイザーといい、フランチャイズビジネスに加盟する企業を指す。

ウ フランチャイズ加盟のメリットのひとつとして、単独経営に比べて従業員の確保や育成が比較的容易であることが挙げられる。

エ 本部のメリットのひとつとしては、少ない投資額で急速にチェーン規模を拡大でき、仕入のスケールメリットを獲得できるという点がある。

オ フランチャイズチェーンにおいては、本部と加盟は資本的に別個の存在で、契約は1対1で独立して行われる。

解答欄	ア	イ	ウ	エ	オ

第3問 次のア～オは、商業集積に関する法令について述べている。正しいものには1を、誤っているものには2を、対応するア～オの解答欄に記入しなさい。（15点）

ア　改正中心市街地活性化法には、都市中心部の商業集積度を高めるねらいがある。

イ　大規模小売店舗立地法は、大規模店の出店を妨げることがねらいである。

ウ　改正都市計画法は、土地利用の適正化を目的としている。

エ　中心市街地活性化協議会は、改正都市計画法に基づいて設置される。

オ　商店街振興組合法は、まちづくり三法のひとつである。

解答欄	ア	イ	ウ	エ	オ

第4問 次のア～オは、ショッピングセンターについて述べている。正しいものには1を、誤っているものには2を、対応するア～オの解答欄に記入しなさい。（15点）

ア　ショッピングセンターは、ディベロッパーが計画的に造成した商業集積である。

イ　核店舗とは、ショッピングセンターの中で最も顧客満足度が高い店舗のことである。

ウ　総合品ぞろえスーパーとスーパーマーケットを比較すると、総合品ぞろえスーパーの方が全体の販売額に対する食品の割合が少ない。

エ　アウトレットセンターとは、アウトレットストアの集積である。

オ　リージョナルショッピングセンターは、買回品全般、流行品、高級品を扱い、総合品ぞろえスーパーと百貨店を核店舗とし、50以上のテナント規模を持つ商業集積である。

解答欄	ア	イ	ウ	エ	オ

第5問 次の文章は、ボランタリーチェーンについて述べている。文中の〔　　　〕の部分に、下記に示すア～オのそれぞれの語群から最も適当なものを選んで、対応するア～オの解答欄に記入しなさい。（15点）

ボランタリーチェーンは、〔　ア　〕小売業が自発的に集まるか、卸売業者の主催で〔　ウ　〕を形成し、〔　イ　〕によるコストダウンなどを目的としている。〔　ウ　〕は加盟店からの〔　エ　〕で運営され、加盟店はそれぞれが独立経営であるとともに、〔　ウ　〕の運営にも参加する義務がある。店舗運営ノウハウの共有化や〔　オ　〕を利用した有利な条件での仕入交渉が〔　ウ　〕の主な役割である。

＜語群＞

ア　1　独立系　　2　フランチャイズ契約した　　3　専門の異なる
　　4　非独立系

イ　1　分散発注　2　単独発注　　3　集中発注　　4　多頻度少量発注

ウ　1　子会社　　2　顧客　　　　3　親会社　　　4　本部

エ　1　寄付　　　2　ロイヤルティ　3　外注費　　　4　ボランティア

オ　1　裏社会　　2　専門知識の力　3　人脈の力　　4　規模の力

解答欄	ア	イ	ウ	エ	オ

第6問 次の文章は、商店街に関する内容について述べている。文中の〔　　　〕の部分に、下記に示すア～オのそれぞれの語群から最も適当なものを選んで、対応するア～オの解答欄に記入しなさい。（15点）

商店街は、集客できる範囲の広さや、顧客が求める中心的な販売商品の種類によって分類される。最も狭い集客範囲の〔　ア　〕商店街は、近隣住民の日常的な利用に対応するため最寄品を中心とした品ぞろえとなっており、その次に狭い集客範囲の地域型商店街では、最寄品だけでなく〔　イ　〕を扱う商店も混在している。地方都市の主要駅を基盤とする広域型商店街では〔　ウ　〕や量販店などが核店舗として存在し、東京、大阪、名古屋などの日本の主要地域に存在する〔　エ　〕商店街には、百貨店、量販店に加えて、高い集客力を持つ〔　オ　〕、有名専門店など世界的なブランドショップが加わる。

＜語群＞

ア　1　郊外型　　　　2　近隣型　　　3　都市部型　　　4　超広域型

イ　1　買回品　　　　2　専門品　　　3　並行輸入品　　4　ブランド品

ウ　1　ロードサイド店　2　大衆酒場　　3　アウトレット店　4　百貨店

エ　1　カジノ型　　　2　超広域型　　3　リゾート型　　4　町おこし型
オ　1　低級専門店　　2　芸能事務所　3　屋台　　　　　4　高級専門店

解答欄	ア	イ	ウ	エ	オ

第7問　次の文章は、小売業の販売形態に関する内容について述べている。文中の〔　　　〕の部分に、下記に示すア〜オのそれぞれの語群から最も適当なものを選んで、対応するア〜オの解答欄に記入しなさい。（10点）

小売業の販売形態には、〔　ア　〕と無店舗販売があり、無店舗販売の中にはさらに訪問販売、〔　イ　〕、通信販売、自動販売機、その他の5つのカテゴリーがある。通信販売の中にはさらにカタログ・DM、テレビ、〔　ウ　〕という4つの形態があり、その他の中には、〔　エ　〕、産地直送、月極め、複数の人数でまとめ買いを行う〔　オ　〕という4つの形態がある。

＜語群＞
ア　1　交通販売　　　　2　店舗販売　　　3　出稼ぎ販売　　4　倉庫販売
イ　1　据え置き販売　　2　投げ売り販売　3　製造販売　　　4　移動販売
ウ　1　インターネット　2　信用販売　　　3　対面販売　　　4　取次販売
エ　1　予約販売　　　　2　窓口販売　　　3　宅配・仕出し　4　対面販売
オ　1　割賦販売　　　　2　受託販売　　　3　委託販売　　　4　共同購入

解答欄	ア	イ	ウ	エ	オ

マーチャンダイジング

第1問 次の文中の〔　　〕の部分に、下記に示すア～オのそれぞれの語群から最も適当なものを選んで、解答欄に記入しなさい。（15点）

コンビニエンスストアのマーチャンダイジングシステムでは、電子発注台帳（〔　ア　〕）により、商品情報、天候情報、販促情報を見ながら〔　イ　〕発注を定期的にしている。納品した商品をすぐ店頭にディスプレイできるように〔　ウ　〕が採用されている。最大効率で販売できるよう、本社で作成した棚割（〔　エ　〕）に基づいてディスプレイを行い、多品種少量多頻度納品を可能とするために〔　オ　〕システムが物流で活用されている。

＜語群＞

ア　1　EOA　　　2　EOB　　　3　EOC　　　　4　EOD
イ　1　電話　　　2　手書き　　3　オンライン　　4　FAX
ウ　1　二重検品　　2　一人検品　　3　二人検品　　4　ノー検品
エ　1　プラムグラム　　2プラークグラム　　3　プラノグラム　　4　プラシーボグラム
オ　1　統合型物流　　2　分業型物流　　3　協業型物流　　4　連立型物流

解答欄	ア	イ	ウ	エ	オ

第2問 次の文中の〔　　〕の部分に、下記の語群のうち最も適当なものを選んで、対応するア～オの解答欄に記入しなさい。（15点）

POSシステムの目的は、〔　ア　〕に基づく適切な在庫管理である。これにより、〔　イ　〕の余分な在庫をなくすことができる。具体的には、「〔　ウ　〕で、商品に付いている識別コードをスキャナーで読み取ってコンピュータで処理し、〔　エ　〕を計算し、入金処理と〔　オ　〕を行う一方で、その売上データをコンピュータに蓄積し、適時に各種の情報管理を行うシステム」といえる。

＜語群＞

1．売れ筋商品　2．会計処理ソフト　　3．売上合計　4．レジスター機能
5．販売時点　　6．アドインソフト　　7．単品管理　8．レシート発行処理
9．ワン・ツー・ワン・マーケティング　　10．死に筋商品

解答欄	ア	イ	ウ	エ	オ

第3問 次のア〜オは、在庫管理について述べている。正しいものには1を、誤っているものには2を、対応するア〜オの解答欄に記入しなさい。(15点)

ア 商品回転率の数値が大きいほど、よく売れているということが推測できる。

イ 商品回転期間の数値が大きいほど、販売に対して仕入が多すぎたと推測できる。

ウ 交差比率は、その商品の売上の貢献度合いが推測できる。

エ 在庫におけるユニットコントロールとは、在庫を金額面から管理することである。

オ 在庫におけるダラーコントロールとは、在庫を数量面から管理することである。

解答欄	ア	イ	ウ	エ	オ

第4問 次のア〜オは、小売業にとって主力となる仕入先企業選定の判断について述べている。正しいものには1を、誤っているものには2を、対応するア〜オの解答欄に記入しなさい。(15点)

ア 商品の安定供給ができることは、仕入先企業選定の重要な判断基準である。

イ 経営上の指導助言があることは、仕入先企業選定の重要な判断基準である。

ウ 市場情報の提供があることは、仕入先企業選定の重要な判断基準ではない。

エ 契約の確実な履行は、仕入先企業選定の重要な判断基準である。

オ 販促ツール等のサービスの提供は、仕入先企業選定の重要な判断基準ではない。

解答欄	ア	イ	ウ	エ	オ

次の文章は、コンビニエンスストア（CVS）チェーンにおけるマーチャンダイジングに関する内容について述べている。文中の〔　　〕の部分に、下記に示すア～オのそれぞれの語群から最も適当なものを選んで、対応するア～オの解答欄に記入しなさい。（15点）

CVSの商品構成は、〔　ア　〕消費サイクルと〔　イ　〕購入頻度の商品を主体とした多品種少品目少量の品ぞろえにある。具体的には約100m²の店舗に3,000品目の品ぞろえをしており、POSデータを活用して〔　ウ　〕商品を排除することでこれを実現している。バックヤードスペースも少なく在庫量も発注単位も〔　エ　〕ため、発注リードタイムを〔　オ　〕して欠品を防いでいる。

＜語群＞

	1		2		3		4	
ア	1	短い	2	長い	3	安い	4	浅い
イ	1	きわめて低い	2	中程度の	3	高い	4	低い
ウ	1	売れ筋	2	死に筋	3	勝ち筋	4	負け筋
エ	1	長い	2	短い	3	多い	4	少ない
オ	1	長く	2	短く	3	高く	4	低く

解答欄	ア	イ	ウ	エ	オ

次のア～オは、棚割の基本知識について述べている。正しいものには1を、誤っているものには2を、対応するア～オの解答欄に記入しなさい。（15点）

ア　棚割とは、顧客が商品を比較・選択しやすいよう商品の配置を計画することである。

イ　棚割計画では従業員の補充発注の効率が第一であり、顧客の利便性に優先される。

ウ　商品補充の際、空きスペースは在庫の多い商品を並べて埋めるべきである。

エ　経験的な勘よりも、POSや市場予測などデータを活用した客観的な棚割がよい結果につながる。

オ　従業員が勝手に棚割を変更すると、想像を超えたよい効果がある場合があるので、欠品が発見されないリスクは無視して奨励すべきである。

解答欄	ア	イ	ウ	エ	オ

第7問 次のア～オは、利益の構造について述べている。正しいものには1を、誤っているものには2を、対応するア～オの解答欄に記入しなさい。（10点）

ア 小売業では商品の販売価格を原価と呼んでいる。
イ 商品の原価に利益を加えたものが粗利益である。
ウ 原価を下げるためには、大量発注、長期契約、現金仕入などが効果的である。
エ 利益に原価やさまざまなロス高、割引高を加えると売価に戻る。
オ 値入とは、原価に対してどのくらいの利益を加えるかを判断し、結果として売価を決定することである。

解答欄	ア	イ	ウ	エ	オ

ストアオペレーション

第1問 次の事項のうち正しいものには1を、誤っているものには2を、対応するア～オの解答欄に記入しなさい。（15点）

ア 商品の魅力を引き出すには、適切な什器を活用するとともに、背景の色彩や照明による演出効果を高める。
イ 品ぞろえの豊富感を出すためには、取扱商品の品種と品目を絞り込む。
ウ 商品に触れやすくするためには、陳列台の高さや奥行を考えて手の届く範囲でディスプレイする。
エ 商品を見やすくするためには、異なる種類の商品を、できるだけ多く、ひとつの売場に並べる。
オ 商品を選びやすくするためには、すべての商品にPOP広告を添付する。

解答欄	ア	イ	ウ	エ	オ

第2問 次の文中の〔　〕の部分に、下記の語群のうち最も適当なものを選んで、対応するア～オの解答欄に記入しなさい。（15点）

陳列の良し悪しは、売上に直接関係するので大変重要である。陳列手法の一種であるゴンドラ陳列は、〔　ア　〕を主体に並べ、多数の〔　イ　〕したアイテムを顧客にわかりやすく訴求するための方法である。棚板で区切って商品を陳列するので商品の〔　ウ　〕をそろえやすく、数量管理がしやすいというメリットがある。

しかし、商品の〔　エ　〕と前出し作業を怠ると空きスペースや商品陳列の乱れなどが目立ち、〔　オ　〕の原因となる。

＜語群＞

1．季節　　　2．買いにくさ　　　3．販売　　4．フェイス　　　5．定番商品
6．類似　　　7．ショーケース　　8．補充　　9．特売商品　　　10．値札づけ

解答欄	ア	イ	ウ	エ	オ

第3問 次のア～オは、店舗運営の基本的役割について述べている。正しいものには1を、誤っているものには2を、対応するア～オの解答欄に記入しなさい。（15点）

ア 検収とは、納品された仕入商品が注文書どおりか、突き合わせ確認を行う作業である。

イ 定番商品を補充する際は、仕入れた日付の新しい商品から順に売場へ出すことが基本である。

ウ 前出し作業とは、主に最寄品を扱うセルフサービスの売場において、ゴンドラの前に障害物などを置くことで顧客が取りにくい位置に商品を並べ替えて万引きを防ぐことである。

エ 売場で顧客に対して商品の特徴や用途などを瞬時に認知させるには、納品書などが用いられる。

オ バックヤード（バックルーム）から商品を選び出し、ゴンドラなどのディスプレイ什器に補充することを、一般的にバックファイヤーという。

解答欄	ア	イ	ウ	エ	オ

第4問 次の文章は、ファッション衣料品のディスプレイパターンに関する内容について述べている。文中の〔　　　〕の部分に、下記に示すア～オのそれぞれの語群から最も適当なものを選んで、対応するア～オの解答欄に記入しなさい。（15点）

ファッション衣料品のディスプレイは、「空間コーディネート」でまず全体のイメージをコントロールして、次に「カラーコーディネート」で細かな見え方や印象をコントロールするのが基本である。空間コーディネートには次に述べる6つの基本

パターンがある。売場に安定感を生み出し、複数の大きさの違う商品コーディネートに適した「三角構成」、品ぞろえ全体を一目でわかりやすく主張するためブランド商品などに適した「〔　ア　〕構成」、落ち着いたフォーマルな感じを演出できる「〔　イ　〕構成」、左右のバランスを崩すことで躍動感や斬新さを演出する「〔　ウ　〕構成」、商品を一か所に集中させ、スポットライトなどで特徴や質感を表現する「〔　エ　〕構成」、陳列フレーム（ウィンド）からわざとはみ出るようにしてスケールの広がりやブランドの世界観を演出する「〔　オ　〕構成」の6つである。

<語群>

	1		2		3		4	
ア	1	リピート	2	対称	3	非対称	4	集中
イ	1	対称	2	リピート	3	集中	4	非対称
ウ	1	対称	2	非対称	3	リピート	4	集中
エ	1	対称	2	集中	3	拡散	4	リピート
オ	1	リピート	2	対称	3	拡散	4	非対称

解答欄	ア	イ	ウ	エ	オ

第5問 次の文章は、ディスプレイの基本パターンに関する内容について述べている。文中の〔　　　〕の部分に、下記に示すア〜オのそれぞれの語群から最も適当なものを選んで、対応するア〜オの解答欄に記入しなさい。（15点）

陳列方法にはそれぞれのメリットがある。例えば〔　ア　〕陳列には商品のフェイスをそろえて見やすくできるというメリットがあり、〔　イ　〕陳列は〔　ウ　〕よりも下に商品をディスプレイするので見やすく触れやすいというメリットがあり、〔　エ　〕陳列には商品を色やサイズ別に分類して〔　オ　〕するというメリットがある。

<語群>

	1		2		3		4	
ア	1	エンド	2	アイランド	3	平台	4	ゴンドラ
イ	1	ステージ	2	平台	3	フック	4	ハンガー
ウ	1	顧客の腰の高さ	2	顧客の足首の高さ	3	顧客の目線		
	4	顧客の膝の高さ						
エ	1	ボックス	2	ジャンブル	3	ステージ	4	レジ前
オ	1	選びにくく	2	買いにくく	3	選びやすく	4	比較しにくく

解答欄	ア	イ	ウ	エ	オ

第6問 次のア～オは、小売店舗における発注について述べている。正しいものには1を、誤っているものには2を、対応するア～オの解答欄に記入しなさい。（15点）

ア　発注リードタイムとは、発注から次の発注までの期間のことである。

イ　発注サイクルとは、発注から入荷までの期間のことである。

ウ　発注数量を判断するためには、在庫状況や次の入荷日までの販売予測が必要である。

エ　欠品の原因として、販売予測をせずに発注するという行動がある。

オ　販売予測をせずに発注することは過剰在庫の原因にはならない。

解答欄	ア	イ	ウ	エ	オ

第7問 次のア～オは、前出し作業について述べている。正しいものには1を、誤っているものには2を、対応するア～オの解答欄に記入しなさい。（10点）

ア　前出し作業は、購買頻度の低い専門品売場で頻繁に行われる。

イ　最寄品の多いセルフサービス方式の売場では前出し作業は必要ない。

ウ　前出し作業は商品補充作業の際に行われることが多い。

エ　前出し作業を行うと販売で減少した陳列量のボリューム感を回復することができる。

オ　前出し作業をすると売場が適度に乱れ販売意欲を増加させる効果がある。

解答欄	ア	イ	ウ	エ	オ

マーケティング

第1問　次の文中の〔　　　〕の部分に、下記の語群のうち最も適当なものを選んで、対応するア〜オの解答欄に記入しなさい。（15点）

ただ単に、商品を販売するという〔　ア　〕の考え方でなく、サービスの向上や〔　イ　〕を発揮し、商品を〔　ウ　〕購入してもらう経営の仕組みづくりを小売業の顧客満足経営という。具体的には〔　エ　〕にとって重要な、顧客一人ひとりの満足度を高めることを〔　オ　〕に据え、経営を行うことである。

＜語群＞

1．アイコンタクト	2．ホスピタリティ精神	3．企業理念	4．双方向的
5．自店	6．顧客重視	7．メーカー	8．繰り返し
9．顧客ニーズ	10．売上志向		

解答欄	ア	イ	ウ	エ	オ

第2問　次のア〜オは、フリークエント・ショッパーズ・プログラム（FSP）について述べている。正しいものには1を、誤っているものには2を、対応するア〜オの解答欄に記入しなさい。（15点）

ア　FSPの考え方は、長期的な視点に立って、累積的な売上の増加および収益率の向上をねらいとしたものである。

イ　FSPは、単なる割引手段として集客を図るねらいの"ポイントカード"とは、考え方が根本的に異なる。

ウ　FSPは、POSシステムによって、「何が、何個売れた」という商品管理をすることである。

エ　FSPとは、多頻度で買い物する顧客を優遇し、つなぎ止めるためのプログラムである。

オ　FSPは、顧客データベースを活用して、顧客一人ひとりに対応するマーケティングの仕組みである。

解答欄	ア	イ	ウ	エ	オ

第3問 次の文中の〔　　　〕の部分に、下記の語群のうち最も適当なものを選んで、対応するア〜オの解答欄に記入しなさい。（15点）

都市の商圏設定の基礎資料としては、経済産業省の〔　ア　〕などが使われている。例えば、都道府県庁所在地またはそれに準ずる大都市圏の商圏は、〔　イ　〕の広域に及ぶ。都市の商圏とは、周辺都市からの〔　ウ　〕の及ぶ範囲であり、都市間の商業力の〔　エ　〕を表すものである。そして〔　オ　〕、商店数、産業構造などで左右される。

＜語群＞

1．広域商圏調査　　2．来街者吸引力　　3．20〜50km　　4．人口
5．ハフモデル　　　6．商業統計調査　　7．指数　　　　8．100〜200km
9．ライリーの法則　10．強弱

解答欄	ア	イ	ウ	エ	オ

第4問 次のア〜オは、インバウンドについて述べている。正しいものには1を、誤っているものには2を、対応するア〜オの解答欄に記入しなさい。（15点）

ア　海外のクレジットカード決済対応は、重要なインバウンド対応ではない。
イ　スマートフォンの通信機能対応は、重要なインバウンド対応ではない。
ウ　店内表示の多言語対応は、重要なインバウンド対応である。
エ　接客要員の多言語対応は、重要なインバウンド対応である。
オ　インバウンドでは、どの層をねらって準備するかというターゲティングが重要である。

解答欄	ア	イ	ウ	エ	オ

第5問 次の文章は、消費財メーカーと小売業のマーケティングの違いについて述べている。文中の〔　　　〕の部分に、下記に示すア〜オのそれぞれの語群から最も適当なものを選んで、対応するア〜オの解答欄に記入しなさい。（15点）

消費財メーカーは、大量販売を目的とした〔　ア　〕の拡大のために、マス市場をターゲットとし、マス広告による〔　イ　〕を展開する。これは最終的に〔　ウ　〕を選

択させ、自社商品を購入させるためであり、消費者がどの店を通じて購入しても目的が達成されるためである。一方小売業は、自社の商圏内の〔　エ　〕の拡大を目的とした限定エリアでのチラシ広告や口コミを中心とした〔　オ　〕を展開する。これは最終的に自店で購入してもらうことが目的であるためである。

＜語群＞

ア　1　顧客シェア　　　　　2　他社ブランド　　3　自店ブランド
　　4　市場シェア
イ　1　マイクロマーケティング　2　個別営業　3　マクロマーケティング
　　4　個別相談
ウ　1　個別営業マン　　　　2　自社ブランド　　3　他社ブランド
　　4　個別店舗
エ　1　メーカーブランド　2　商品ブランド　　3　顧客シェア
　　4　市場シェア
オ　1　マス広告　2　マイクロマーケティング　3　マクロマーケティング
　　4　ブランド広告

解答欄	ア	イ	ウ	エ	オ

第6問　次のア〜オは、小売業の販売促進策について述べている。正しいものには1を、誤っているものには2を、対応するア〜オの解答欄に記入しなさい。（15点）

ア　パブリシティは、プル戦略のひとつである。
イ　デモンストレーション販売は、プッシュ戦略のひとつである。
ウ　推奨販売は、プル戦略のひとつである。
エ　POP広告は、プッシュ戦略のひとつである。
オ　チラシのポスティングはプル戦略のひとつである。

解答欄	ア	イ	ウ	エ	オ

次のア〜オは、商圏について述べている。正しいものには１を、誤っているものには２を、対応するア〜オの解答欄に記入しなさい。（10点）

ア 商圏とは、地域の富裕層が買い物のために来店する地理的、時間的範囲のことである。

イ 商圏範囲を設定するための統計モデルのひとつにライリーの法則がある。

ウ その地域が職域活用中心か居住域活用中心かを判断するには昼夜間人口比率が役立つ。

エ 商業力指数が100を下回るなら、その都市は周辺都市から顧客を吸引している。

オ 転入者数から転出者数を引いてマイナスの結果になればその都市の人口の社会増減は増加していると判断できる。

解答欄	ア	イ	ウ	エ	オ

販売・経営管理

第**1**問 次のア〜オは、消費者信用取引について述べている。正しいものには１を、誤っているものには２を、対応するア〜オの解答欄に記入しなさい。（15点）

ア 消費者信用取引には、販売信用（クレジット）と金融信用（ローン）がある。

イ 金融信用は、消費者金融業者の信用度合いを調べることである。

ウ 販売信用は、デビットカードで商品を売買する場合に消費者に供与されるものである。

エ 金融信用は、支払い方法によって割賦方式と非割賦方式に分けられる。

オ 販売信用は、消費者に直接金銭が貸与されるものである。

解答欄	ア	イ	ウ	エ	オ

第2問 次の文中の〔　　　〕の部分に、下記の語群のうち最も適当なものを選んで、対応するア～オの解答欄に記入しなさい。（15点）

職場は、〔　ア　〕をするための場ではなく、業務を遂行する場である。達成目標や各自の〔　イ　〕は明確になっており、〔　ウ　〕を高めることが要求される。また管理者と部下との間の職位上の〔　エ　〕関係は明確であり、年齢や出身地などのさまざまな人々から構成されている〔　オ　〕集団である。

＜語群＞

1. 時間外	2. 分担業務	3. 生活	4. 警戒心	5. 単純な
6. チームワーク	7. 職場仲間	8. 上下	9. 損害	10. 複雑な

解答欄	ア	イ	ウ	エ	オ

第3問 次のア～オは、消費税計算について述べている。正しいものには1を、誤っているものには2を、対応するア～オの解答欄に記入しなさい。（15点）

ア　消費税とは、商品やサービスを消費したときに発生する税金のことである。

イ　消費税を納めるのは、払った消費者ではなく、販売と同時に税金を預かった店側である。

ウ　消費税のように、支払う人と納める人が違う税金を直接税という。

エ　外税または税抜きとは、税金を小売価格に含めず表示する方式である。

オ　内税または税込みとは、税金を小売価格に含めて表示する方式である。

解答欄	ア	イ	ウ	エ	オ

第4問 次のア～オは、敬語の使い方について述べている。正しいものには1を、誤っているものには2を、対応するア～オの解答欄に記入しなさい。（15点）

ア　「行く」を謙譲語Ⅱ（丁重語）でいうと、「まいる」である。

イ　「食べる」を謙譲語Ⅰでいうと、「召し上がる」である。

ウ　「する」を謙譲語Ⅱ（丁重語）でいうと、「いたす」である。

エ　「酒」を美化語でいうと「お酒」である。

オ　「あれ」を丁寧語でいうと「あっち」である。

解答欄	ア	イ	ウ	エ	オ

第5問 次のア～オは、事業の許認可に関する内容について述べている。正しいものには1を、誤っているものには2を、対応するア～オの解答欄に記入しなさい。（15点）

ア 喫茶店の営業を行う者は、薬事法の要件を満たした上で都道府県知事の認可が必要である。

イ 薬局の開設や医薬品販売を行う者は、食品衛生法の要件を満たした上で都道府県知事の許可が必要である。

ウ 酒類の販売は、酒税法で規制されており、販売所ごとに商工会議所の免許が必要である。

エ ペットショップを開業するときは、動物愛護管理法により、都道府県知事に対して動物取扱業の登録が必要である。

オ 古物の販売を行う場合は、古物営業法にもとづき、主たる営業所の所在地の公安委員会の許可が必要である。この許可により、他の地域の営業所は届出で営業が可能となる。

解答欄	ア	イ	ウ	エ	オ

第6問 次のア～オは、売買契約に関する内容について述べている。正しいものには1を、誤っているものには2を、対応するア～オの解答欄に記入しなさい。（15点）

ア 「内金」は、それを放棄することにより契約を解除することができる。

イ 「予約」は、期間内に顧客が予約を完結する意思を示しても効力が消滅する。

ウ 「手付金」は放棄しても契約解除ができない。

エ 「委託契約」は、委託者が販売代理業務を依頼し、受託者が受託することで成立する。

オ 「手付金」を受け取った売主は、その倍額を支払うことで契約解除することができる。

解答欄	ア	イ	ウ	エ	オ

第7問 次のア～オは、損益計算書の構造に関する内容について述べている。正しいものには1を、誤っているものには2を、対応するア～オの解答欄に記入しなさい。（10点）

ア 売上総利益は、売上から売上原価を引いて求めることができる。

イ 営業利益は、売上から、販売費および一般管理費を引いて求めることができる。

ウ 経常利益は、営業利益から、営業外収益および損失を加減して求めることができる。

エ 税引き前利益は、経常利益から特別損益を加減して求めることができる。

オ 当期純利益は、経常利益から法人税を引いて求めることができる。

解答欄	ア	イ	ウ	エ	オ

模擬試験　第1回

<解答・解説>

小売業の類型

第1問

解答欄	ア	イ	ウ	エ	オ
	4	2	3	1	4

（各3点）

解説

主に食品を取り扱うネットスーパー（総合品ぞろえスーパー）には、注文された商品をそろえるピッキング（取りそろえる）方式として2つの方式があります。ひとつは店舗にある商品を集める店舗型で、もうひとつは大量の商品を在庫した巨大な倉庫内でピッキングを行う倉庫型です。店舗型は、倉庫への設備投資がいらず、容易に参入しやすいですが、店舗販売の店員に加えてピッキングのための要員も必要になるため、人件費がかかります。倉庫型は、巨大な倉庫への設備投資のための多額の資金が必要であり、膨大な商品の在庫管理も課題ですが、注文からすぐにピッキングして発送できる利点が競争力として働きます。

第2問

解答欄	ア	イ	ウ	エ	オ
	1	2	2	1	2

（各3点）

解説

ア、**エ**については、問題文の文章がそのままスーパーセンター、アウトレットストアの定義です。**イ**のパワーセンターとは、ディベロッパー（開発業者）が集客力のある核店舗を中心に大型駐車場を併設して計画的につくるショッピングセンターなので間違いです。**ウ**は、セレクトショップではなく、ディスカウントストアの一種である、ハードディスカウントストアの定義です。**オ**のディスカウントストアとは、チェーンオペレーションによる大量仕入や製販一体方式を活用して低価格で販売しても儲かる仕組みを前提に安く売る店なので間違いです。

第3問

解答欄	ア	イ	ウ	エ	オ
	1	2	1	2	1

(各3点)

解説

ア、ウ、オは問題文のとおりです。**イ**のオムニチャネルとは、すべてのチャネルという概念をベースにした取り組みで、好きな場所で購入して好きな場所で受け取れる総合的な仕組みのことです。**エ**のICTとはInformation and Communication Technologyの略語なので間違いです。

第4問

解答欄	ア	イ	ウ	エ	オ
	2	3	4	5	6

(各3点)

解説

チェーンオペレーションは、日本語にすると、「連鎖型画一的経営方式」です。基本は経営の主要な事項は本部が決めるということです。店舗開発、商品管理、店舗運営の3つの重要な部分を本部が決め、運営店舗すべてで標準化された経営手法を実行していきます。

第5問

解答欄	ア	イ	ウ	エ	オ
	1	4	7	10	2

(各3点)

解説

商店街は「自然発生的」、ショッピングセンターは「計画的」と覚えておきましょう。ショッピングセンターはディベロッパーによって計画的につくられています。ポイントは「集客のための核店舗の存在」「巨大な敷地」「広い駐車スペース」です。

第6問

解答欄	ア	イ	ウ	エ	オ
	2	1	1	2	2

(各3点)

解説

イ、ウは、問題文のとおりです。**ア**は「セントラルバイイングで仕入の低コスト化を目指している」が正しいので間違いです。**エ**は、エブリデイ・ロープライスではなくローコストオペレーションなので間違いです。**オ**は、「人的コストの削減を目指している」が正しいので間違いです。

解答欄	ア	イ	ウ	エ	オ
	2	9	5	1	4

（各2点）

解説

訪問販売と店頭販売の大きな違いは、店頭販売では、販売活動の最初の段階で、顧客がどんな人物かを予測するための情報が少ないことです。そこで、さりげない質問を繰り返すことによって、相手の情報をつかむようにします。顧客と親しくなることによって、固定客として、何度も店に来てもらい、コミュニケーションを繰り返すことで、より深い顧客情報を手にすることができます。

マーチャンダイジング

第1問

解答欄	ア	イ	ウ	エ	オ
	4	5	6	9	10

（各3点）

解説

商品構成では、まず、カテゴリーとしての大分類であるラインを考え、次に、中分類であるクラスを考え、それから小分類であるサブクラスを検討して最後に具体的な商品アイテムを決定します。商品カテゴリー構成は、品ぞろえの幅であるwidthと品ぞろえの奥行であるdepthの2つの軸で決まります。

第2問

解答欄	ア	イ	ウ	エ	オ
	1	1	2	1	1

（各3点）

解説

ア、イ、エ、オは問題文のとおりです。ウは間違いで、正しくは純売上高から仕入原価を引いたものが粗利益高です。

第3問

解答欄	ア	イ	ウ	エ	オ
	4	5	6	7	8

（各3点）

解説

集中仕入方式のことをセントラルバイイングといいます。規模の利益を追求するチェーンオペレーションでは、本部で一括集中仕入を行い、仕入価格を大幅に引き下げています。百貨店では、各店舗が独自に仕入販売を行う支店経営を行っています。

解答欄	ア	イ	ウ	エ	オ
	4	3	4	2	3

(各3点)

解説

コンビニエンスストアの商品計画の基本は、約100m²の店舗に約3,000点の生活利便性の高い多品種小品目型の売れ筋商品中心の品ぞろえをすることです。陳列できる商品スペースに限りがあるため、POSで死に筋商品を排除する工夫や、購買頻度の高い売れる商品へ頻繁に入れ替える工夫をしています。

解答欄	ア	イ	ウ	エ	オ
	4	5	6	7	8

(各3点)

解説

販売計画では最初に売上計画を立案します。売上計画では売上目標と支出可能コストを決め、次の商品展開計画で、全体として、どのタイミングで、何をどのように売るかを決めます。これをさらに営業部門ごとに細分化して、部門別計画に落とします。そして、販売促進計画でイベントや、広告活動を決め、キャンペーン等実施計画でメーカーやサプライヤーとの合同販促プランを立てます。

解答欄	ア	イ	ウ	エ	オ
	2	2	1	1	1

(各3点)

解説

アは、多頻度小口配送は在庫水準を低く保つことに役立つので間違いです。**イ**は、経営状況という部分が誤りです。正しくは販売状況が納入業者側に迅速に伝わるようになったためです。**ウ、エ、オ**は問題文のとおりです。

解答欄	ア	イ	ウ	エ	オ
	2	1	2	2	1

(各2点)

解説

アは、商品回転率が高い商品は売れ行きが良い商品なので間違いです。**イ**は、1,000万円÷100万円＝10回転なので正しいです。**ウ**は、2年間（730日）を商品回転率で割って求めるのではなく、1年間（365日）を商品回転率で割って求めるので間違いです。**エ**は、販売効率ではなく、「販売効率に利益の視点を加えた経営への

貢献度合い」を示すので誤りです。**オ**は粗利益率10％×商品回転率12回転＝1.2で正しいです。

ストアオペレーション

第1問

解答欄	ア	イ	ウ	エ	オ
	2	2	2	1	1

(各3点)

解説

エ、**オ**は問題文のとおりです。**ア**は、フェイスをそろえやすく在庫管理がしやすいのはゴンドラ陳列のメリットなので間違いです。**イ**は、スペースをとること、くずれやすく商品が傷みやすいことは平台陳列のデメリットなので間違いです。**ウ**は、ハンガー陳列は、衣料品の陳列で最も多く利用されているので間違いです。

第2問

解答欄	ア	イ	ウ	エ	オ
	2	1	2	1	1

(各3点)

解説

イ、**エ**、**オ**は問題文のとおりです。**ア**と**ウ**は、シンメトリー構成は、落ち着いたフォーマルな印象を演出し、アシンメトリー構成は、左右のバランスを崩して躍動感を演出するのでともに間違いです。

第3問

解答欄	ア	イ	ウ	エ	オ
	7	1	9	2	8

(各3点)

解説

EOSは、小売店のPOSターミナルと本部のコンピュータ間で、電子情報を使って受発注を行うシステムのことです。EOSでは、基本的に各企業の独自規約に基づいた受発注データを扱っていますが、異なる企業間でもデータ交換を可能にするために、標準データの規約を決めて処理を行うEDIへと発展しました。

第4問

解答欄	ア	イ	ウ	エ	オ
	2	2	1	1	1

(各3点)

解説

ウ、**エ**、**オ**は、問題文のとおりです。**ア**は、見にくい商品は、そもそも顧客から

選ばれないので間違いです。**イ**は、触れにくい商品は、具体的な商品検討意欲を
そいでしまうので、間違いです。

解答欄	ア	イ	ウ	エ	オ
	3	8	7	9	5

(各3点)

解説

セルフサービスは、対面販売と対極にある言葉で、レジのチェッカーだけが接客
をするので人件費を節約できます。しかしその店のサービスレベルが、チェッカー
だけで判断されてしまうリスクもあり、接客のポイントとして正確性、スピード、
スマイルが要求されます。

解答欄	ア	イ	ウ	エ	オ
	2	2	1	1	1

(各3点)

解説

ウ、エ、オは問題文のとおりです。**ア**の水引きで蝶結びは何度も繰り返されて
ほしいことを意味します。結婚式は一度だけの方が縁起がよいので使われません。
イの結びきりは二度と繰り返してほしくないことを意味するので間違いです。

解答欄	ア	イ	ウ	エ	オ
	1	1	1	2	2

(各2点)

解説

ア、イ、ウまでは問題文のとおりです。**エ**の蝶結びは、何度も起こってほしいこ
とに使うので、結婚式では使いません(何度も離婚することになるので)。**オ**は間
違いで、慶事のときは墨を濃くし、弔事のときは墨を薄くして悲しみを表現します。

マーケティング

第1問	解答欄	ア	イ	ウ	エ	オ
		1	2	1	1	2

(各3点)

解説

ア、ウ、エは問題文のとおりです。**イ**は間違いで集客力も重要な立地の決定要因です。
オも間違いで、出店コストは、重要な立地の決定要因です。

第2問

解答欄	ア	イ	ウ	エ	オ
	1	2	1	1	2

（各3点）

解説

ア、ウ、エは問題文のとおりです。**イ**は、インバウンドでは、多言語対応だけでなく、口コミでの拡散は重要なので間違いです。**オ**は、観光庁の打ち出した日本を旅することでしか得られない3つの価値が、「日本人の神秘的で不思議な気質に触れることができること」「日本人が細部までこだわりぬいた作品に出会えること」「日本の普段の生活にあるちょっとしたことを体験できる」なので間違いです。

第3問

解答欄	ア	イ	ウ	エ	オ
	2	1	1	2	1

（各3点）

解説

イ、ウ、オは問題文のとおりです。**ア**は間違いで、ホスピタリティとはもてなしの精神で接客サービスを行うことです。**エ**も間違いで、エンターテインメントとは、感動を与え楽しい買い物を演出することです。

第4問

解答欄	ア	イ	ウ	エ	オ
	8	2	9	3	5

（各3点）

解説

今日の小売業ではマーチャンダイジングと店舗オペレーションを行うだけでなく、積極的に需要をつくり出していく必要があります。店頭に商品を並べておくだけでは売れない時代なので、メーカーのマクロマーケティングだけに頼らずに自店の商圏の需要を喚起するようなマイクロマーケティングが必要です。

第5問

解答欄	ア	イ	ウ	エ	オ
	2	1	2	2	1

（各3点）

解説

イ、オは問題文のとおりです。**ア**は間違いで、蛍光灯は、紫外線を利用したランプです。**ウ**も間違いで、これは全般拡散照明の説明です。直接照明は蛍光灯やスポットライトなどで商品を直接照らす照明方式です。**エ**も間違いで、これは半間接照明の説明です。

解答欄	ア	イ	ウ	エ	オ
	1	1	1	1	2

（各3点）

解説

アから**エ**までは問題文のとおりです。**オ**は間違いで、マクロな分析からミクロな分析の順で検討を行います。

解答欄	ア	イ	ウ	エ	オ
	1	2	1	1	1

（各2点）

解説

ア、**ウ**、**エ**、**オ**は問題文のとおりです。**イ**のデモンストレーション販売は、インストアプロモーションプッシュ戦略（販売促進策）のひとつなので間違いです。

販売・経営管理

解答欄	ア	イ	ウ	エ	オ
	6	9	3	5	2

（各3点）

解説

敬語の種類は、大きく分けて尊敬語、謙譲語Ⅰ、謙譲語Ⅱ、丁寧語、美化語の5つです。尊敬語は、相手を直接的に敬う言い方です。顧客や上司に使います。謙譲語は、自分の動作をへりくだることによって相手を高める言い方で、丁寧語は丁寧な気持ちを表現し、美化語はものごとを美化して述べる言い方です。

解答欄	ア	イ	ウ	エ	オ
	1	1	1	1	2

（各3点）

解説

アから**エ**までは問題文のとおりです。**オ**のようにクレーム対応のときに無理に視線を合わせるとこじれる原因になりますので控えましょう。

解答欄	ア	イ	ウ	エ	オ
	1	2	2	1	1

（各3点）

解説

ア、エ、オは問題文のとおりです。**イ**は、「第一種動物取扱者としてペットショップを始める場合は、都道府県知事（または政令市の市長）への登録が必要である」が正しいので誤りです。**ウ**は、「酒類の販売は、販売所ごとに所轄税務署所長から免許を取得する必要がある」が正しいので間違いです。

解答欄	ア	イ	ウ	エ	オ
	1	2	1	1	1

（各3点）

解説

ア、ウ、エ、オは問題文のとおりです。**イ**は間違いで、エコマーク事業は、リサイクルされた商品かどうかで指定されるのではなく、製造から流通、廃棄まで商品の一生を通じて環境を保護する商品を指定するものです。

解答欄	ア	イ	ウ	エ	オ
	1	2	1	2	1

（各3点）

解説

ア、ウ、オは問題文のとおりです。**イ**は間違いで、売上総利益＝総売上高－売上原価－ロス額です。**エ**も間違いで、ロス高＝あるべき売上高－実績売上高です。

解答欄	ア	イ	ウ	エ	オ
	1	2	2	1	1

（各3点）

解説

ア、エ、オは問題文のとおりです。**イとウ**は、売買契約における「手付」では、手付金を放棄すれば契約は破棄することができ、「内金」では、すでに契約したことになっているので内金を放棄しても契約は破棄できません。いずれも間違いです。

第**7**問

解答欄	ア	イ	ウ	エ	オ
	2	1	1	1	1

（各2点）

解説

イから**オ**は問題文のとおりです。**ア**は間違いで、万引き防止は、利益の向上に貢献しますが売上の向上とは関係がありません。

小売業の類型

第**1**問

解答欄	ア	イ	ウ	エ	オ
	2	1	2	1	2

（各3点）

解説

イと**エ**は問題文のとおりです。**ア**は、委託販売を基本としてきたが、近年は買取仕入も増えている。が正しいので間違いです。**ウ**は、百貨店の特徴のひとつとして営業マンが富裕層の個人宅に出向く「外商」があるので間違いです。**オ**は、百貨店は基本的に店舗ごとに運営がまかされているので間違いです。

第**2**問

解答欄	ア	イ	ウ	エ	オ
	2	2	1	1	1

（各3点）

解説

フランチャイズチェーンの問題です。**ウ**、**エ**、**オ**は問題文の内容のとおりです。**ア**は、加盟店と本部の説明が逆になっています。本部は、経営ノウハウを加盟店に使わせてロイヤルティを取る方式がフランチャイズシステムです。**イ**も同様で、特権を与えるフランチャイザーは、本部を指します。

第**3**問

解答欄	ア	イ	ウ	エ	オ
	1	2	1	2	2

（各3点）

解説

アと**ウ**は問題文のとおりです。**イ**は、大規模小売店舗立地法は大規模店の出店を周辺環境に配慮しながら促進することが目的なので間違いです。**エ**は、中心市街地活性化協議会は改正中心市街地活性化法に基づいて設置されるので間違いです。**オ**は、まちづくり三法とは「改正市街地活性化法」「大規模小売店舗立地法」「改正都市計画法」を指すので間違いです。

第4問

解答欄	ア	イ	ウ	エ	オ
	1	2	1	1	1

（各3点）

解説

ア、**エ**、**オ**は、問題文がそのままショッピングセンター、アウトレットセンター、リージョナルショッピングセンターの定義です。**ウ**も、設問文のとおりです。**イ**の核店舗とは、ショッピングセンターの集客の中心となる店舗であり、必ずしも最も顧客満足度が高いわけではないので間違いです。

第5問

解答欄	ア	イ	ウ	エ	オ
	1	3	4	2	4

（各3点）

解説

ボランタリーチェーンは、独立系の小売業が大型チェーン店に対抗するために自発的に集まって形成し、集中発注によるコストダウンなどを目的としています。本部は加盟店からのロイヤルティで運営され、規模の力を利用した有利な条件での仕入交渉が主な役割です。

第6問

解答欄	ア	イ	ウ	エ	オ
	2	1	4	2	4

（各3点）

解説

商店街の分類のうち、最も狭い集客範囲の近隣型商店街は、近隣住民の日常的な利用に対応するため最寄品を中心とした品ぞろえとなっており、その次に狭い集客範囲の地域型商店街では、最寄品だけでなく買回品を扱う商店も混在しています。地方都市の主要駅を基盤とする広域型商店街では百貨店や量販店などが核店舗として存在し、東京、大阪、名古屋などの日本の主要都市圏に存在する超広域型商店街には、百貨店、量販店に加えて、高い集客力を持つ高級専門店、有名専門店など世界的なブランドショップが加わります。

第7問

解答欄	ア	イ	ウ	エ	オ
	2	4	1	3	4

（各2点）

解説

小売業の販売形態には、店舗販売と無店舗販売があり、無店舗販売の中にはさらに訪問販売、移動販売、通信販売、自動販売機、その他の5つのカテゴリー

模擬試験 解答・解説 第2回

253

があります。通信販売の中にはさらにカタログ・DM、テレビ、インターネットという4つの形態があり、その他の中には、宅配・仕出し、産地直送、月極め、複数の人数でまとめ買いを行う共同購入という4つの形態があります。

マーチャンダイジング

第1問

解答欄	ア	イ	ウ	エ	オ
	2	3	4	3	1

（各3点）

解説

コンビニエンスストアのマーチャンダイジングシステムでは、電子発注台帳（EOB）により、商品情報、天候情報、販促情報を見ながらオンライン発注を定期的にしています。納品した商品をすぐ店頭にディスプレイできるようにノー検品が採用されています。最大効率で販売できるよう、本社で作成した棚割（プラノグラム）に基づいてディスプレイを行い、多品種少量多頻度納品を可能とするために統合型物流システムが物流で活用されています。

第2問

解答欄	ア	イ	ウ	エ	オ
	7	10	5	3	8

（各3点）

解説

POSシステムは、単品管理システムです。売れない商品（死に筋商品）を単品ごとに調べ、余分な在庫をもたないようにします。販売時点で識別コードをスキャナーで読み取ることにより、売上を自動記録し合計を計算するとともに入金処理とレシート発行を行います。

第3問

解答欄	ア	イ	ウ	エ	オ
	1	1	2	2	2

（各3点）

解説

ア、**イ**は問題文のとおりです。**ウ**は、交差比率は、その商品の利益の貢献度合いを推測するものなので間違いです。**エ**、**オ**は、ユニットコントロールは在庫の数量管理、ダラーコントロールは、在庫の金額管理なのでともに間違いです。

解答欄	ア	イ	ウ	エ	オ
	1	1	2	1	2

(各3点)

解説

ア、**イ**、**エ**は問題文がそのまま正しい仕入先企業の選定の重要な判断基準を示しています。**ウ**、**オ**も仕入先企業の選定の重要な判断基準なので、それを否定しているため誤りです。

解答欄	ア	イ	ウ	エ	オ
	1	3	2	4	2

(各3点)

解説

CVSの商品構成は、短い消費サイクルと高い購入頻度の商品を主体とした多品種少品目少量の品ぞろえにあります。具体的には約100m^{2}の店舗に3,000品目の品ぞろえをしており、POSデータを活用して死に筋商品を排除することでこれを実現しています。バックヤードスペースも少なく在庫量も発注単位も少ないため、発注リードタイムを短くして欠品を防いでいます。

解答欄	ア	イ	ウ	エ	オ
	1	2	2	1	2

(各3点)

解説

アと**エ**は棚割の定義と効果について正しく説明しています。**イ**は顧客の利便性の方が従業員の効率より優先されるので間違いです。**ウ**は販売実績や販売予測で棚割が計画されているので、勝手に空きスペースに在庫の多い商品を入れるのは間違いです。**オ**は従業員が勝手に棚割を変更すると、多くの場合売上効率が下がるので防止すべきであり間違いです。

解答欄	ア	イ	ウ	エ	オ
	2	2	1	1	1

(各2点)

解説

ウ、**エ**、**オ**は、利益の構造を正しく説明しています。**ア**は、原価ではなく売価なので間違いです。**イ**は原価に利益を加えると売価になるので間違いです。

ストアオペレーション

解答欄	ア	イ	ウ	エ	オ
第1問	1	2	1	2	2

(各3点)

解説

ア、ウは問題文のとおりです。イは間違いで、品ぞろえの豊富さを出すためには品種や品目を増やすことが必要です。エも間違いで、商品を見やすくするためには、同じ商品をまとめておくことが効果的です。オも間違いで、POP広告は本当に売りたい商品だけにつける方が効果的です。

解答欄	ア	イ	ウ	エ	オ
第2問	5	6	4	8	2

(各3点)

解説

ゴンドラ陳列は、定番商品を主体に並べ、似たような多くのアイテムを顧客にわかりやすく見せる手法です。商品のフェイスをそろえやすく管理がしやすい一方で、商品の補充を怠ると乱雑に見えて買いにくくなるリスクがあります。

解答欄	ア	イ	ウ	エ	オ
第3問	1	2	2	2	2

(各3点)

解説

アは記述のとおりです。イの定番商品の補充は先に仕入れた日付の古い商品から順番に売場に出すので間違いです。ウの前出し作業は、乱れた商品を整理整頓して顧客が取りやすい位置に並べ替えることなので間違いです。エのように売場で顧客に対して商品の特徴や用途などを瞬時に認知させるためには、納品書ではなくPOP広告などが用いられるので間違いです。オのバックヤード（バックルーム）から商品を選び出し、ゴンドラなどのディスプレイ什器に補充することは一般的に品出しというので間違いです。

解答欄	ア	イ	ウ	エ	オ
第4問	1	1	2	2	3

(各3点)

解説

空間コーディネートには次に述べる6つの基本パターンがあります。売場に安

定感を生み出し、複数の大きさの違う商品コーディネートに適した「三角構成」。品ぞろえ全体を一目でわかりやすく主張するためブランド商品などに適した「リピート構成」。落ち着いたフォーマルな感じを演出できる「対称構成」。左右のバランスを崩すことで躍動感や斬新さを演出する「非対称構成」。商品を一か所に集中させ、スポットライトなどで特徴や質感を表現する「集中構成」。陳列フレーム（ウィンド）からわざとはみ出るようにしてスケールの広がりやブランドの世界観を演出する「拡散構成」。

 第5問

解答欄	ア	イ	ウ	エ	オ
	4	2	3	1	3

（各3点）

解説

ゴンドラ陳列には商品のフェイスをそろえて見やすくできるというメリットがあり、平台陳列は顧客の目線よりも下に商品をディスプレイするので見やすく触れやすいというメリットがあり、ボックス陳列には商品を色やサイズ別に分類して選びやすくするというメリットがあります。

 第6問

解答欄	ア	イ	ウ	エ	オ
	2	2	1	1	2

（各3点）

解説

ウと**エ**は問題文のとおりです。**ア**は、発注サイクルの説明なので間違いです。**イ**は発注リードタイムの説明なので間違いです。**オ**は販売予測をせずに発注することは過剰在庫の原因になるので間違いです。

第7問

解答欄	ア	イ	ウ	エ	オ
	2	2	1	1	2

（各2点）

解説

ウと**エ**は問題文のとおりです。**ア**は、購買頻度の低い専門品売場では前出し作業は頻繁には行われないので間違いです。**イ**は、最寄品の多いセルフサービス方式の売場では前出し作業が常に必要なので間違いです。**オ**は、乱れた売場は販売意欲を減退させるとともに、前出し作業をすると売場が整理整頓されることで販売意欲を増加させる効果があるというのが正しいので間違いです。

マーケティング

第1問

解答欄	ア	イ	ウ	エ	オ
	10	2	8	5	3

(各3点)

解説

小売業の顧客満足経営とは、商品販売重視の売上志向から一歩進んでサービスの向上やホスピタリティ精神の発揮によって商品を繰り返し購入してもらう関係をつくり上げることをいいます。自店にとって重要な、顧客一人ひとりの満足度を高めることを企業理念に据えて経営を行うことです。

第2問

解答欄	ア	イ	ウ	エ	オ
	1	1	2	1	1

(各3点)

解説

ア、イ、エ、オは問題文のとおりです。ウは間違いで、FSPでは単品が何個売れたかという視点ではなく、顧客に提供できる生涯価値をどれだけ増やせるかという視点でマーケティングを行います。

第3問

解答欄	ア	イ	ウ	エ	オ
	6	3	2	10	4

(各3点)

解説

商圏設定の資料としては経済産業省の商業統計調査がよく利用されます。大都市の商圏はおおむね20〜50kmで、都市の商圏は周辺都市からの来街者吸引力が及ぶ範囲であり、都市間の商業力における強弱を示します。これは人口や商店数、産業構造などに左右されます。

第4問

解答欄	ア	イ	ウ	エ	オ
	2	2	1	1	1

(各3点)

解説

ウ、エ、オは問題文のとおりです。アとイは、海外のクレジットカード決済対応と、スマートフォンの通信機能対応は、重要なインバウンド対応なのでいずれも間違いです。

解答欄	ア	イ	ウ	エ	オ
	4	3	2	3	2

(各3点)

解説

消費財メーカーは、大量販売を目的とした市場シェアの拡大のために、マス市場をターゲットとし、マス広告によるマクロマーケティングを展開しています。これは最終的に自社ブランドを選択させ、自社商品を購入させるためであり、消費者がどの店を通じて購入しても目的が達成されるためです。一方小売業は、自社の商圏内の顧客シェアの拡大を目的とした限定エリアでのチラシ広告や口コミを中心としたマイクロマーケティングを展開します。これは最終的に自店で購入してもらうことが目的であるためです。

解答欄	ア	イ	ウ	エ	オ
	1	1	2	2	1

(各3点)

解説

ア、イ、オは問題文が正しい内容を示しています。**ウ**の推奨販売は、プッシュ戦略のひとつなので間違いです。**エ**のPOP広告は、プット戦略のひとつなので間違いです。

解答欄	ア	イ	ウ	エ	オ
	2	1	1	2	2

(各2点)

解説

イと**ウ**は、問題文が正しい内容を示しています。**ア**の商圏とは、富裕層に限らず、地域の消費者が買い物のために来店する地理的、時間的範囲のことなので間違いです。**エ**は商業力指数が100を上回るなら、その都市は周辺都市から顧客を吸引している、が正しいので間違いです。**オ**は転入者数から転出者数を引いてプラスの結果になればその都市の人口の社会増減は増加していると判断できる、が正しいので間違いです。

販売・経営管理

解答欄	ア	イ	ウ	エ	オ
	1	2	2	2	2

（各3点）

解説

アは記述のとおりです。**イ**の金融信用とは、直接金銭を貸与することですので間違いです。**ウ**はデビットカードが間違いで、正しくはクレジットカードです。**エ**は販売信用の説明文章なので間違いです。**オ**は金融信用の説明文章なので間違いです。

第2問

解答欄	ア	イ	ウ	エ	オ
	3	2	6	8	10

（各3点）

解説

職場における基本的な人間関係管理の内容です。職場は生活をするための場ではなく、業務を遂行する場なので各自の分担業務や達成目標が明確になっており、チームワークを高めて目標を達成することが要求されます。管理者と部下との上下関係が明確で、さまざまな人々から構成されている複雑な集団です。

第3問

解答欄	ア	イ	ウ	エ	オ
	1	1	2	1	1

（各3点）

解説

ア、**イ**、**エ**、**オ**は問題文のとおりです。**ウ**は、消費税のように、支払う人と納める人が違う税金を間接税という、が正しいので間違いです。

第4問

解答欄	ア	イ	ウ	エ	オ
	1	2	1	1	2

（各3点）

解説

ア、**ウ**、**エ**は問題文が正しい内容を示しています。**イ**は「食べる」を謙譲語Ⅰでいうと、「いただく」なので間違いです。**オ**は「あれ」を丁寧語でいうと「あちら」なので間違いです。

第5問

解答欄	ア	イ	ウ	エ	オ
	2	2	2	1	1

(各3点)

解説

エ、オは問題文が正しい内容を示しています。アは喫茶店の営業を行う者は、食品衛生法の要件を満たした上で都道府県知事の認可が必要である、が正しいので間違いです。イは、薬局の開設や医薬品販売を行う者は、薬事法の要件を満たした上で都道府県知事の許可が必要である、が正しいので間違いです。ウは、酒類の販売は、酒税法で規制されており、販売所ごとに税務署長の免許が必要である、が正しいので間違いです。

第6問

解答欄	ア	イ	ウ	エ	オ
	2	2	2	1	1

(各3点)

解説

エ、オは問題文が正しい内容を示しています。アは放棄することで契約解除できるのは「手付金」なので間違いです。イの「予約」は、期間内に顧客が予約を完結させる意思を示せば効力が発生する、が正しいので間違いです。ウは放棄しても契約解除ができないのは「内金」なので間違いです。

第7問

解答欄	ア	イ	ウ	エ	オ
	1	2	1	1	2

(各2点)

解説

ア、ウ、エは問題文が正しい内容を示しています。イは、営業利益は売上総利益から、販売費および一般管理費を引いて求めることができる、が正しいので間違いです。オは、当期純利益は、税引き前当期純利益から法人税を引いて求めることができる、が正しいので間違いです。

著者紹介

海光 歩（かいこう あゆむ）

中小企業診断士／ビジネスコンサルタント
出版社、広告会社、大手ダイレクトマーケティング企業でのマネージャー職を経て、現在はビジネスコンサルタント。ビジネス関連の修士号、博士号も持ち、実務面とアカデミック面の両面からビジネス知識をわかりやすく指導するための方法を研究している。長年にわたるビジネスの実務経験と、ビジネス知識指導講師の経験を活かした初心者でもわかりやすい指導で定評がある。販売士の有資格者を多数輩出している。
www.kaikouayumu.com

お問い合わせ、ご感想などは下記までお願いします。
kaikouayumu@gmail.com

本文 DTP	株式会社トップスタジオ
本文イラスト	陣条 和榮／株式会社エス・プランニング
装丁	大下 賢一郎
装丁イラスト	裕

販売士教科書

販売士（リテールマーケティング）3級
一発合格テキスト&問題集 第4版

2020 年 2 月 7 日　初版第 1 刷発行
2024 年 9 月 20 日　初版第 8 刷発行

著　　　者	海光 歩（かいこう あゆむ）
発 行 人	佐々木 幹夫
発 行 所	株式会社 翔泳社（https://www.shoeisha.co.jp）
印刷・製本	日経印刷株式会社

©2020 Ayumu Kaiko

＊本書は著作権法上の保護を受けています。本書の一部または全部について（ソフトウェアおよびプログラムを含む）、株式会社 翔泳社から文書による許諾を得ずに、いかなる方法においても無断で複写、複製することは禁じられています。

＊本書へのお問い合わせについては、ii ページに記載の内容をお読みください。

＊落丁・乱丁はお取り替えいたします。03-5362-3705 までご連絡ください。

ISBN978-4-7981-6448-9　　　　　　　　　　Printed in Japan